발　행　일	2025년 02월 03일(1판 1쇄)
I S B N	979-11-92695-58-7(13000)
정　　　가	14,000원
집　　　필	이지은, 이다진, 양은정
진　　　행	김동주
본문디자인	디자인앨리스
발　행　처	㈜아카데미소프트
발　행　인	유성천
주　　　소	경기도 파주시 정문로 588번길 24
홈 페 이 지	www.aso.co.kr

이 책은 저작권법에 따라 보호를 받는 저작물이므로 무단 전재와 무단 복제를 금지하며, 이 책 내용의 전부 또는 일부를 이용하려면 반드시 (주)아카데미소프트의 서면동의를 받아야 합니다.

 **[꼬물이 미리보기]** 이렇게 만들었어요.

 쉽고 간단한 파워포인트 첫걸음 꼬물이 시리즈의 [한쇼 2022] 교재는 이렇게 만들었어요.

◀ **잠자는 뇌를 깨우는 5분 스트레칭**

- 수업 시작전 컴퓨터 교실에 오면 **K마블 프로그램으로 타자연습**을 시작합니다. K마블은 다양한 학습 게임으로 구성된 타자연습 프로그램입니다.
- 수업이 시작되면 간단한 **넌센스 퀴즈**로 잠자는 컴퓨팅 사고력의 뇌를 깨워봅니다. 선생님께서 답을 알려주시면 너무 쉬운데..

미리보기와 캐릭터를 통한 핵심 키워드 설명 & 본문 따라하기 ▶

오늘 배울 내용과 작품을 먼저 미리보면서 어떤 것을 작성할지 확인합니다. 또한 캐릭터들의 대화를 보면서 핵심 키워드를 이해합니다. 선생님 설명과 함께 하나씩 따라하면 쉽게 작업할 수 있어요.

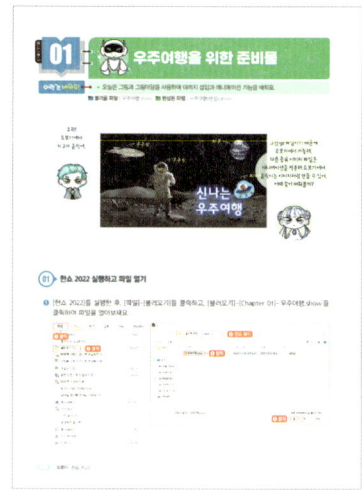

◀ **미션 뚝딱뚝딱으로 문제해결능력과 컴퓨팅 사고력 UP**

각 차시가 끝나면 앞에서 배운 내용으로 스스로 작품을 만들어 보고 문제해결능력을 증진합니다. 또한 타자 학습 게임으로 미션을 마무리합니다.

꼬물이 한쇼 2022

4차시마다 평가_내 맘대로 해결사되기 ▶

일반적인 교재에는 8차시 또는 12차시마다 함축된 종합평가를 4차시마다 제공하여 이전 3차시에서 배운 내용을 스스로 해결함은 물론 내 맘대로 조건을 변경하여 사고력과 독창성을 발휘하도록 하였습니다. 또한 각 문제마다 해결할 수 있는 방법을 힌트 형태로 제공하여 쉽게 접근 할 수 있도록 하였습니다.

◀ 4차시마다 이렇게 만들어 보아요

각 문제마다 해결할 수 있는 방법을 힌트 형태로 제공하여 쉽게 접근할 수 있도록 하였습니다.

MEMO 대신 컴퓨터 & 상식 만화 ▶

빈 페이지를 메모 페이지로 구성한 기존 교재와 달리 우리 친구들이 궁금해 하는 컴퓨터와 인공지능 등의 상식을 만화로 구성하여 제공합니다.

목차

007　01 차시
우주여행을 위한 준비물

015　02 차시
우주 회원증 만들기

023　03 차시
내 손으로 만드는 우주선
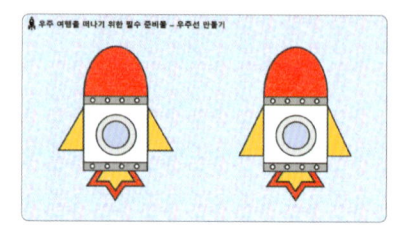

030　04 차시
내 맘대로 해결사 되기!

033　05 차시
우주 풍경 꾸미기

039　06 차시
나만의 외계인 꾸미기

047　07 차시
우주 발표회
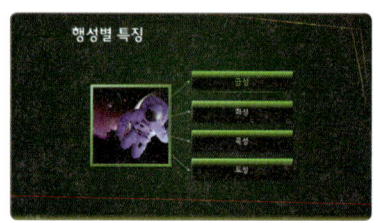

054　08 차시
내 맘대로 해결사 되기!

057　09 차시
애니메이션으로 그림자 찾기

063　10 차시
신비로운 태양계 탐험

069　11 차시
별과 행성의 차이
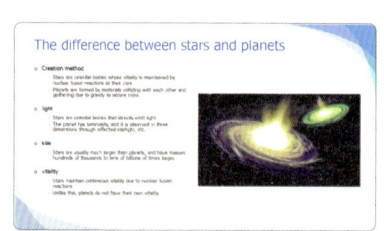

076　12 차시
내 맘대로 해결사 되기!

꼬물이 파포2021

079 13차시

지구에 낮과 밤이 있는 이유

085 14차시

반짝 반짝 별자리 이야기

091 15차시

한 달 동안 관찰한 달의 모양

098 16차시

내 맘대로 해결사 되기!

101 17차시

오늘의 달 모양 관찰하기

109 18차시

반짝 반짝 빛나는 별자리 그리기

115 19차시

내 생일에 맞는 별자리 찾기

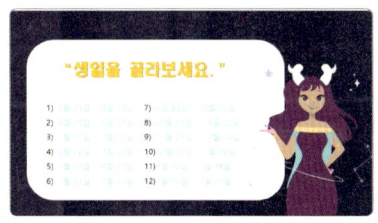

122 20차시

내 맘대로 해결사 되기!

125 21차시

태양계 행성 사진 앨범 만들기

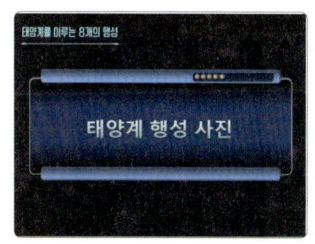

131 22차시

태양계 행성 간의 거리 비교하기

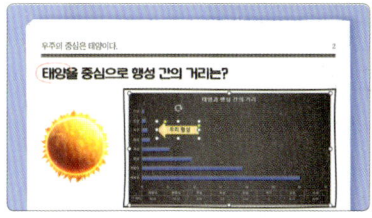

137 23차시

우주 소식지 만들기

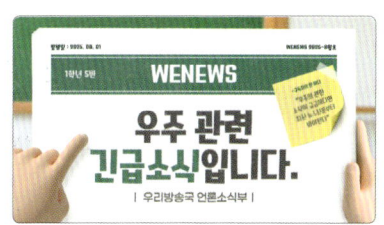

144 24차시

내 맘대로 해결사 되기!

알아두면 좋은 컴퓨터 상식

CHAPTER 01 잠자는 뇌를 깨우는 5분 스트레칭

4분 K마블 타자연습으로 잠자는 **손가락**을 깨워요^^

평균 타수 :

연습하고 싶은 학습 게임을 선택해서 연습해 보아요.

1분 넌센스 퀴즈로 잠자는 **뇌**를 깨워요^^

그림을 보고 물고기의 이름을 적고 연관된 그림과 선으로 연결해 주세요.

   ㄷ ㄱ ㄹ

   불 가 사 리

   ㅁ ㅇ

CHAPTER 01 우주여행을 위한 준비물

이런걸 배워요!
- 오늘은 그림과 그림마당을 사용하여 이미지 삽입과 애니메이션 기능을 배워요.

📂 불러올 파일 : 우주여행.show   📂 완성된 파일 : 우주여행(완성).show

우와!
쇼보기에서
지구가 움직여.

그건 gif 파일이기 때문에
쇼보기에서 가능해.
다른 종류 이미지 파일은
애니메이션을 적용해 쇼보기에서
움직이는 이미지처럼 만들 수 있어.
어때 같이 배워볼까?

01 한쇼 2022 실행하고 파일 열기

❶ [한쇼 2022]를 실행한 후, [파일]-[불러오기]를 클릭하고, [불러올 파일]-[Chapter 01]-'우주여행.show'를 클릭하여 파일을 열어보세요.

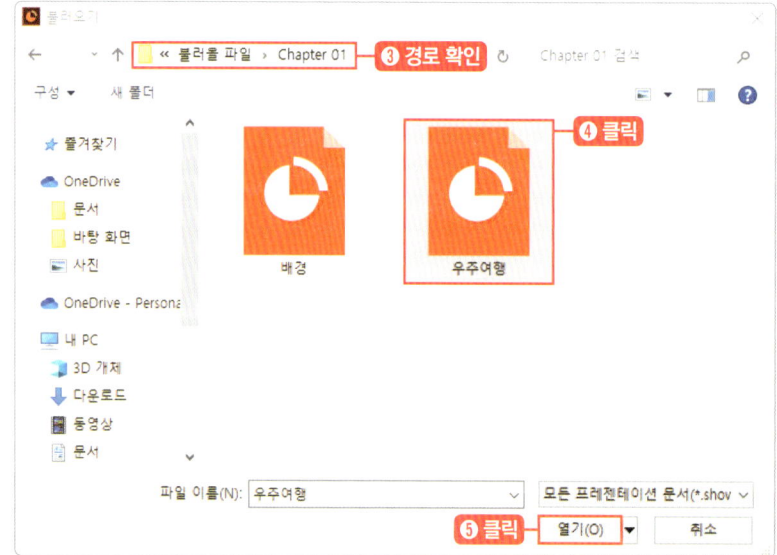

❷ 다음 그림과 같이 '우주여행.show' 파일이 열리면 슬라이드의 내용을 확인해요.

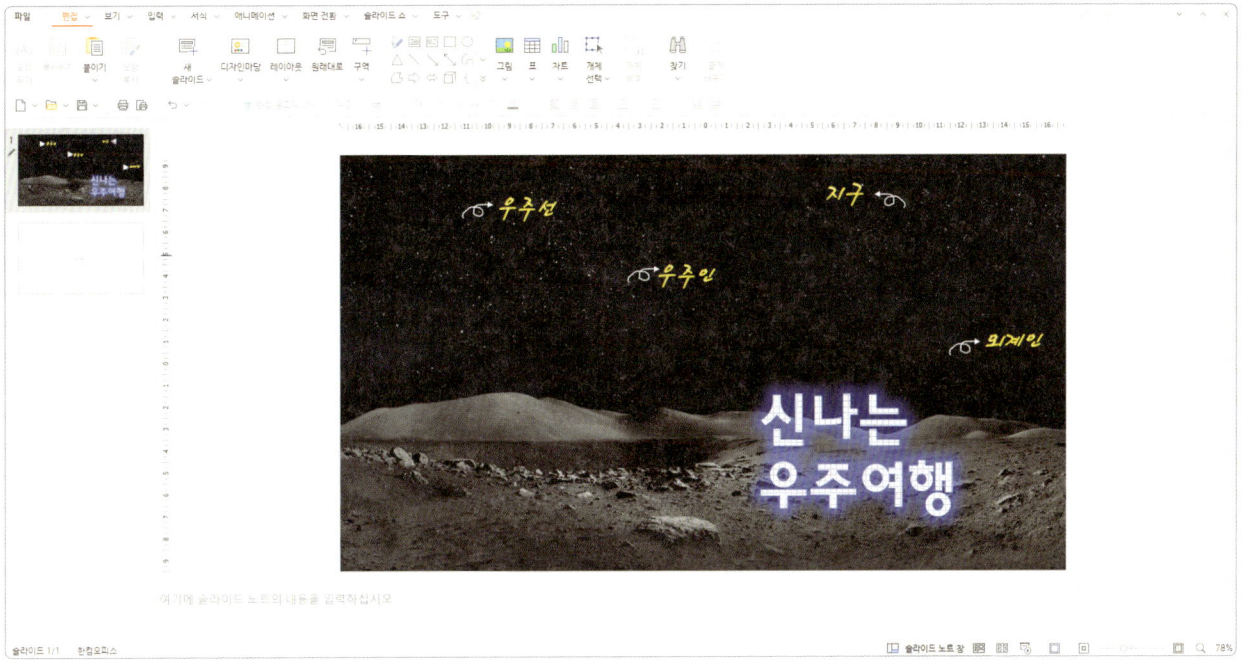

02 그림 삽입하기

❶ [입력] 탭-[그림(🖼)]을 클릭하고 [그림 넣기] 대화상자에서 [불러올 파일]-[Chapter 01]-'우주인.png'를 선택한 후, <열기> 단추를 클릭해요.

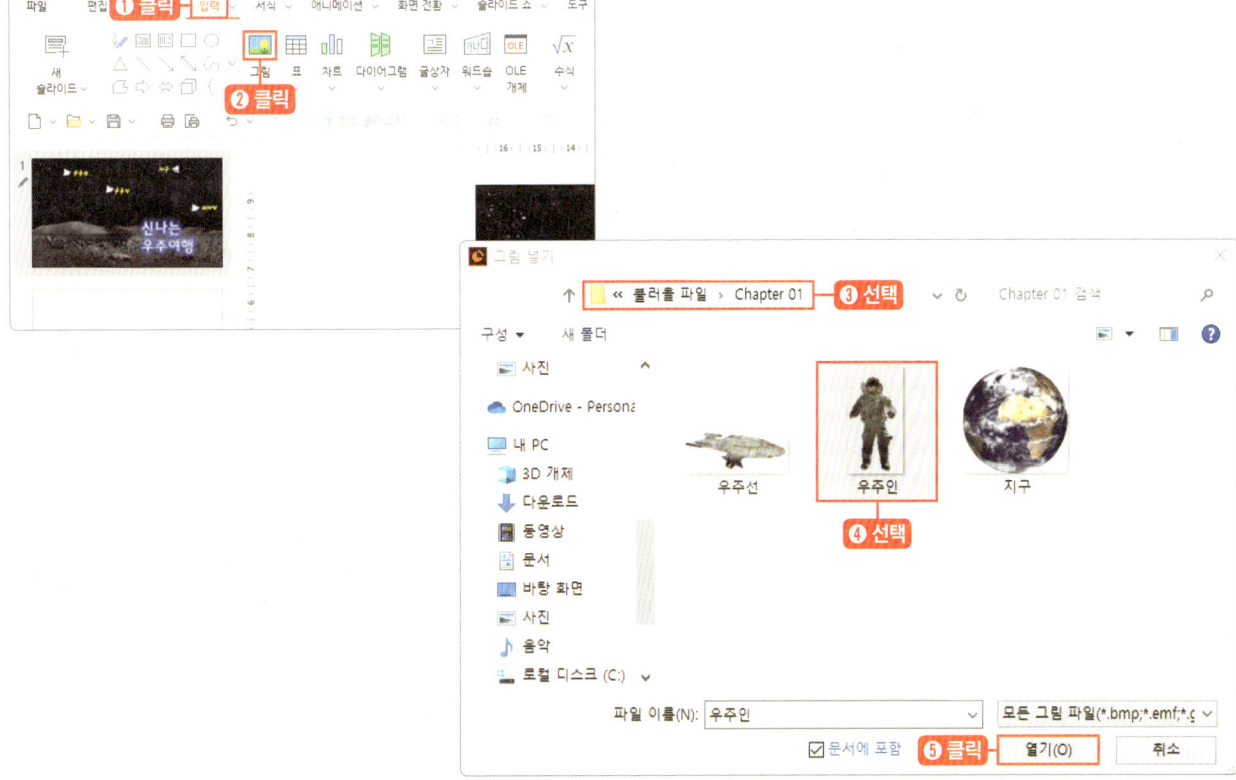

❷ '우주인' 이미지 클릭 후, 대각선 조절점(　)에 마우스 포인터(　)를 확인 후, 드래그하여 크기를 조절해요. '우주인' 이미지 안쪽으로 마우스 포인터(　)를 이동시켜 위치를 변경해 보세요.

▲ 원본 크기　　　　　　　　　　　　▲ 크기를 줄였을 때

❸ 같은 방법으로 [입력] 탭-[그림(　)]을 클릭하고, [불러올 파일]-[Chapter 01]-'우주선.png'와 '지구.gif'를 클릭해요. '우주선', '지구' 이미지 클릭 후, 대각선 조절점(　)을 드래그하여 크기를 조절하여 위치(　)를 변경해 보세요.

03 그리기마당 [한컴 애셋]으로 그림 넣기

❶ [입력] 탭에서 [그림]-[그리기마당(M)]을 클릭해요. [그리기 마당] 대화상자에서 <클립아트 다운로드> 단추를 클릭해요.

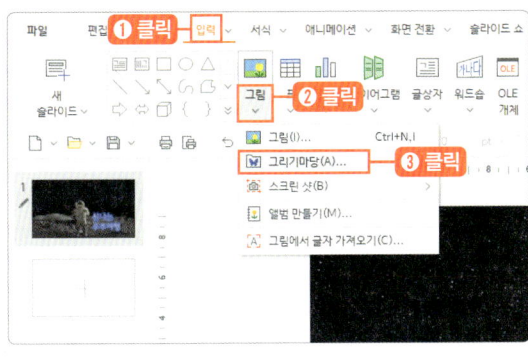
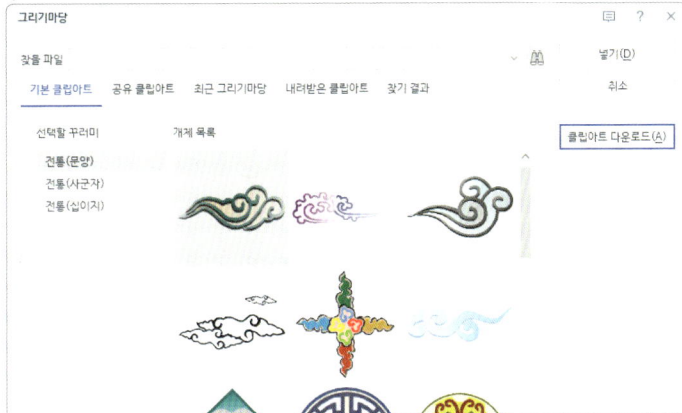

❷ [한컴 애셋] 대화상자에서 검색 입력 칸에 '우주선'을 입력한 후, Enter 키를 누르세요. '우주선2'를 클릭하고 <내려받기(↓)> 단추를 클릭 후, <확인> 단추 클릭한 다음 닫기(×) 버튼을 누르세요.

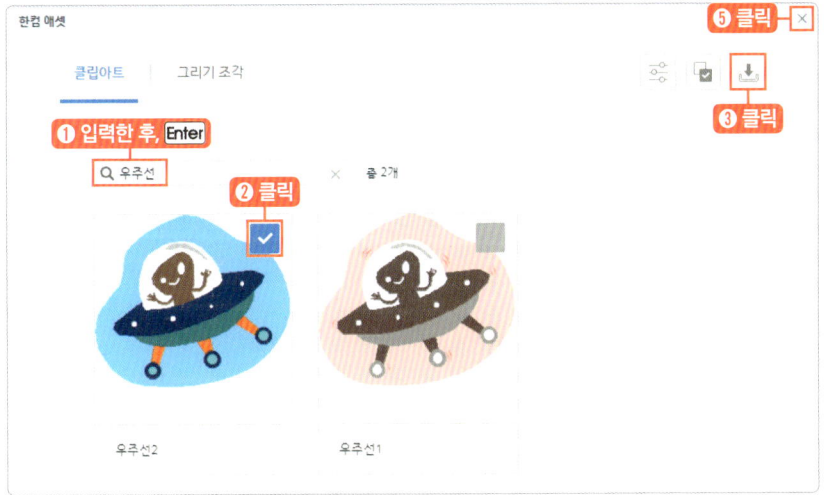

❸ [그리기마당] 대화상자에서 내려받은 우주선 이미지를 선택한 후, <넣기> 단추를 클릭해요. 이어서, 슬라이드에 드래그하여 이미지를 삽입하고, 삽입된 외계인 이미지의 크기와 위치를 변경해요.

❹ 완성된 이미지를 확인해 보세요.

04 이미지에 애니메이션 지정하기

❶ [슬라이드 쇼] 탭에서 [처음부터]를 클릭하여 이미지를 확인한 후, Esc 키를 누르세요.

❷ '우주선' 이미지 클릭 후, [애니메이션] 탭에서 [애니메이션]의 [자세히(⌄)] 단추를 클릭해요.

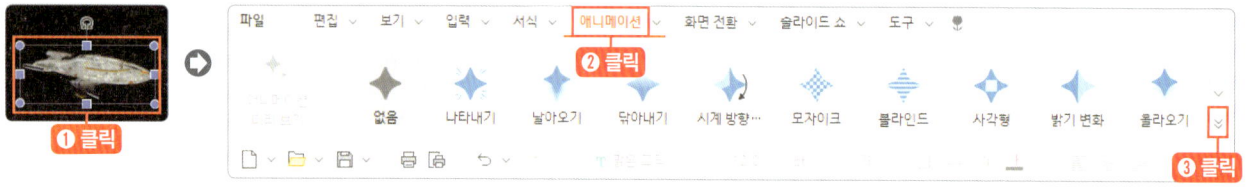

❸ 애니메이션 목록에서 [나타내기 : 날아오기(✦)]를 클릭해요. 이어서, [애니메이션] 탭에서 옵션을 [시작 : 이전 효과와 함께], [재생 시간 : 0.70]으로 설정해요.

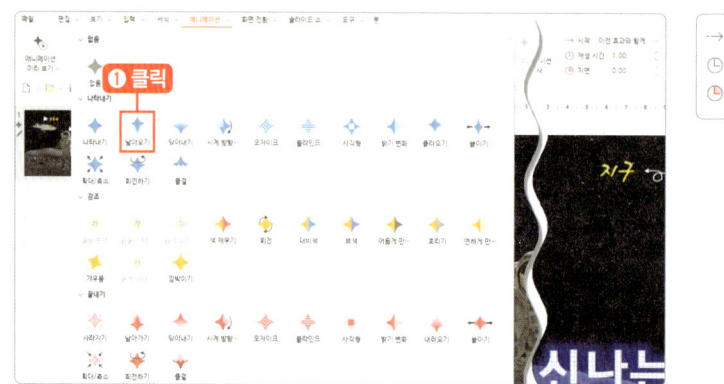

❹ 같은 방법으로 '우주인' 클릭 후, [애니메이션] 탭에서 [나타내기-올라오기( )]를 클릭해요. [시작 : 이전 효과 다음에]로 설정해요.

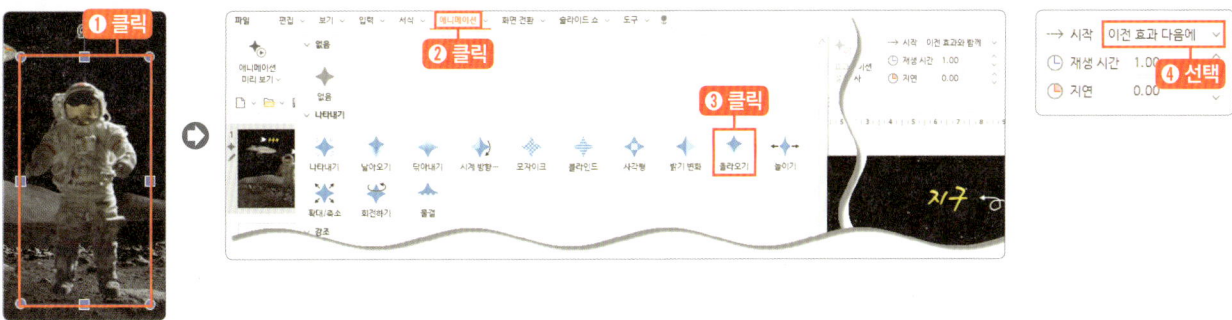

❺ [슬라이드 쇼] 탭에서 [처음부터]를 클릭하여 애니메이션 확인해요.

❻ 완성된 파일을 확인한 후, [파일] 탭-[다른 이름으로 저장하기]를 클릭해요. 이어서, [내 이름] 폴더에 '우주여행' 파일 이름으로 저장해요.

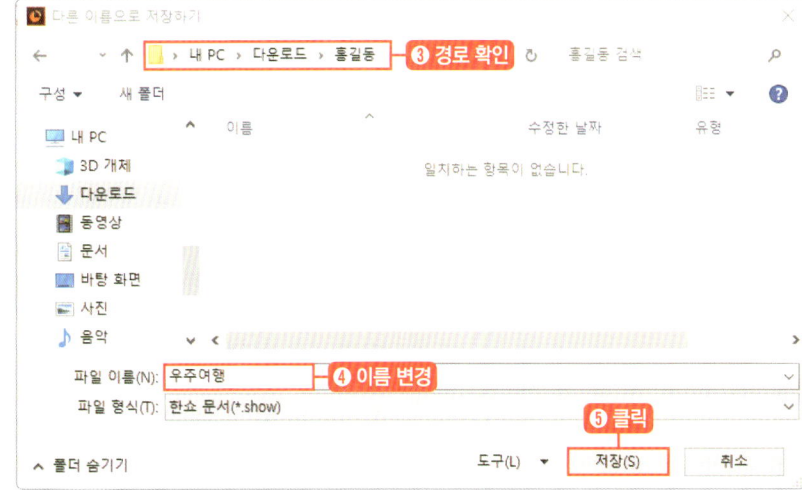

CHAPTER 01 - 미션! 뚝딱뚝딱!

■ 불러올 파일 : 배경.show   ■ 완성된 파일 : 배경(완성).show

01 내 맘대로 사고력으로 문제해결능력 UP

두 개의 배경 중에서 원하는 배경을 선택하고 [입력] 탭에서 [그림]-[그리기 마당]을 클릭해요. 이어서, <클립아트 다운로드> 단추를 클릭해서 원하는 이미지를 삽입하고 애니메이션 효과를 적용해 보세요.

슬라이드 1 : 우주 배경

슬라이드 2 : 바닷속 배경

02 학습 게임으로 타자 실력 UP

혼자하는 타자 게임 또는 친구들과 대전 게임으로 승부를 겨루어 보아요.

▲ 혼자 게임

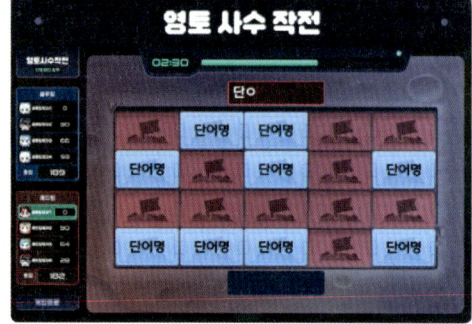
▲ 대전 게임

CHAPTER 02 잠자는 뇌를 깨우는 5분 스트레칭

4분 K마블 타자연습으로 잠자는 손가락을 깨워요^^

평균 타수 :

연습하고 싶은 학습 게임을 선택해서 연습해 보아요.

1분 넌센스 퀴즈로 잠자는 뇌를 깨워요^^

문제 1 빨간 사과의 색깔은 어떻게 빨간색일까요?

① 햇빛을 흡수해서　　② 햇빛을 반사해서
③ 햇빛을 차단해서　　④ 햇빛과 관련없음

[힌트] 햇빛은 빨간색만 제외하고 모든 색을 흡수해요.

문제 2 지구의 자전 주기는 얼마나 걸릴까요?

① 24시간　　② 1주일
③ 1달　　　④ 1년

[힌트] 자전 : 지구가 스스로 도는 것 / 공전 : 태양 주위를 도는 것

CHAPTER 02 우주 회원증 만들기

이런걸 배워요!
- 오늘은 워드숍과 글상자를 사용하는 원하는 위치에 제목이나 글씨를 작성하는 기능을 배워요.

■ 불러올 파일 : 이름표.show   ■ 완성된 파일 : 이름표(완성).show

우주여행을 떠나려면 회원증이 필요해!

걱정마!
글자 색이나 윤곽선 등이 미리 지정되어 있는 워드숍과 글상자를 사용하여 만들 수 있어!

01 워드숍으로 제목 작성하기

❶ 한쇼를 실행한 다음 '이름표.show' 파일을 열고 슬라이드의 내용을 확인해 보세요.

❷ 제목을 작성하기 위해 [입력] 탭에서 [워드숍(가띠)]을 클릭한 후, '윤곽-강조2, 그림자'를 클릭해요.

※ 워드숍은 글자의 색이나 글자의 윤곽선 등이 미리 정의되어 있는 텍스트 스타일이에요.

❸ 워드숍이 삽입되면 텍스트 상자의 내용을 '회원등록증'으로 입력한 후, 텍스트를 드래그하여 블록 지정해요.

❹ 선택한 '회원등록증' 텍스트에 '글꼴(한컴 윤고딕 250)', '크기(54pt)', '가운데 정렬'로 설정해요.

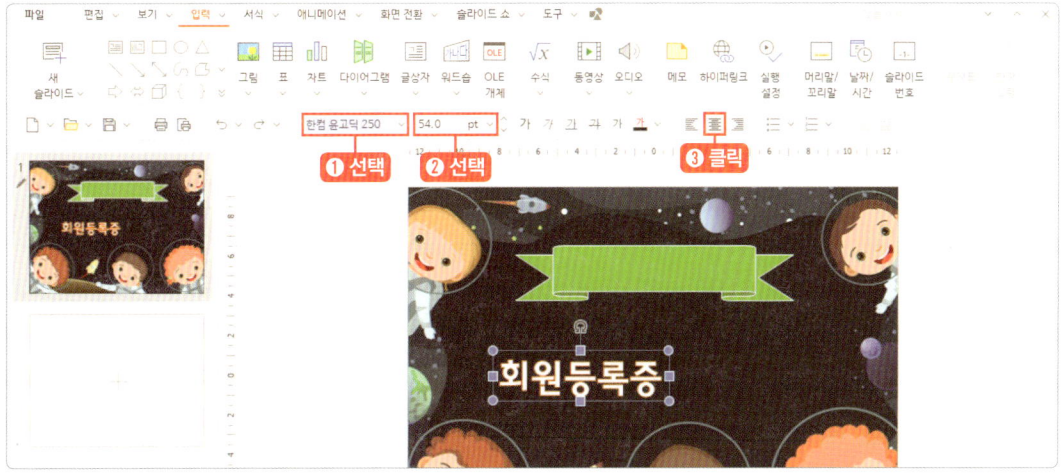

❺ 설정 후, 워드숍 테두리로 마우스 포인터를 가져가서 마우스 포인터( )로 변경되었을 때 클릭+드래그 하여 이동해요.

02 텍스트 상자로 글 작성하기

❶ 이름을 입력하기 위해 [입력] 탭에서 [글상자( )]-[가로 글상자]를 클릭해요.

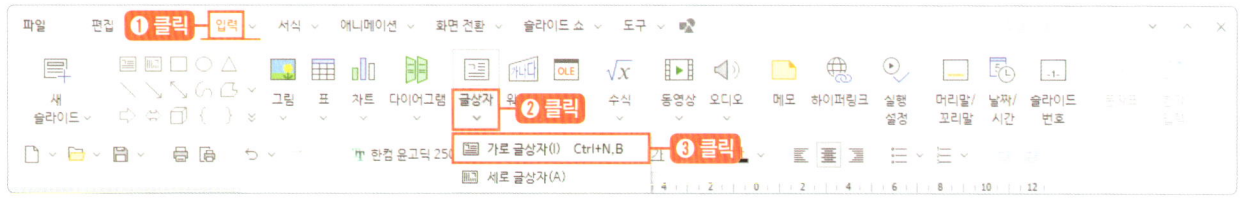

❷ 마우스 포인터가 ┼ 모양으로 변경되면 클릭+드래그하여 이름과 학교를 작성해요.

❸ 텍스트 상자의 내용 중 '이름'을 드래그하여 '글꼴(한컴 윤고딕 230)', '크기(60pt)', '글자색(연한 노랑(RGB: 250,243,219))', '가운데 정렬'로 설정해요.

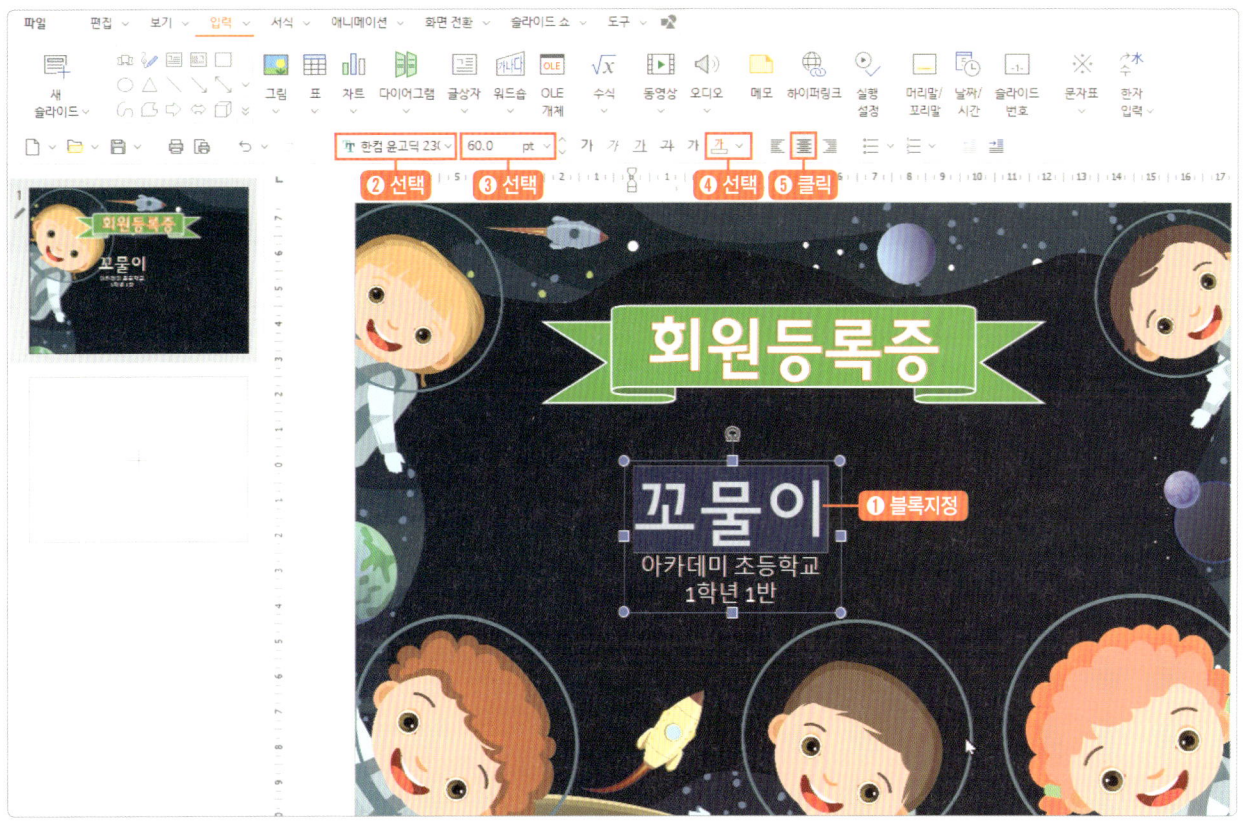

❹ 이번엔 텍스트 상자의 '학교'를 드래그하여 '글꼴(한컴 윤고딕 230)', '크기(35pt)', '글자색(하늘색(RGB: 97,130,214))', '가운데 정렬'로 설정해요.

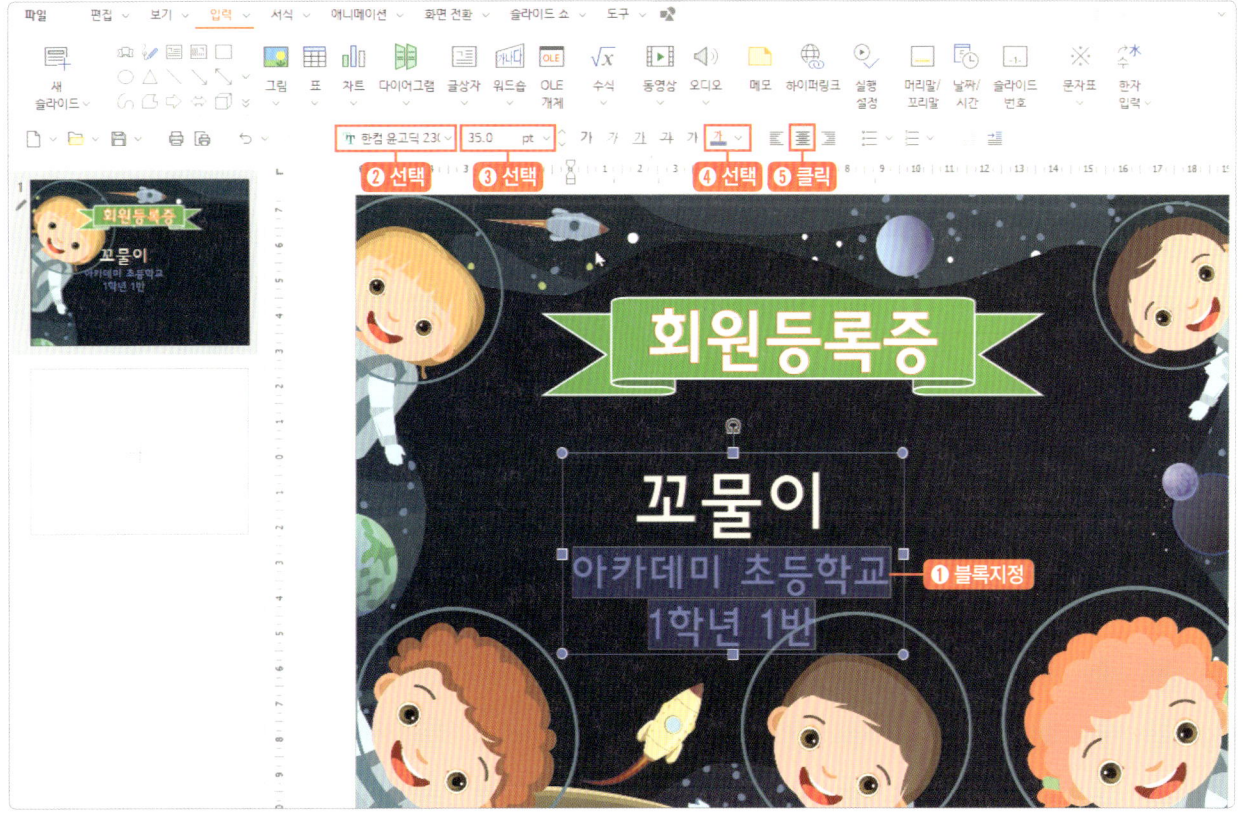

❺ 작성된 텍스트 상자 테두리로 마우스 포인터를 가져가서 마우스 포인터(🐾)로 변경되었을 때 클릭+드래그하여 이동해요.

❻ 우주여행을 떠나기 위한 나만의 회원등록증이 완성되었어요~ [파일] 탭-[다른 이름으로 저장하기]를 클릭한 다음 [내 이름] 폴더에 '이름표(완성)' 파일 이름으로 저장하세요.

TIP

■ 문자표로 특수 문자 입력하기

한쇼에서 키보드로 입력할 수 없는 특수 기호(♣, ◆, ☞, ♥)를 [입력] 탭-[문자표] 기능을 사용하여 입력할 수 있어요.

CHAPTER 02 ▶ 미션! 뚝딱뚝딱!

■ 불러올 파일 : 초대장.show   ■ 완성된 파일 : 초대장(완성).show

01 내 맘대로 사고력으로 문제해결능력 UP

워드샵과 텍스트 상자를 사용하여 생일 파티 초대장을 완성해보세요~

※ [입력]탭-[문자표]-[유니코드 문자표]-[여러가지 기호]에서 ♛, ☞ 특수 문자 2개를 찾아 넣어 보세요!

02 학습 게임으로 타자 실력 UP

혼자하는 타자 게임 또는 친구들과 대전 게임으로 승부를 겨루어 보아요.

▲ 혼자 게임

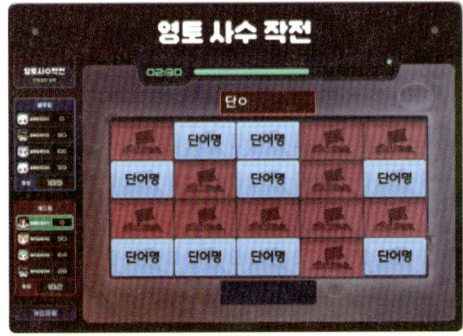
▲ 대전 게임

休 알아두면 좋은 컴퓨터 상식

CHAPTER 03 잠자는 뇌를 깨우는 5분 스트레칭

4분 K마블 타자연습으로 잠자는 손가락을 깨워요^^

평균 타수 :

연습하고 싶은 학습 게임을 선택해서 연습해 보아요.

1분 넌센스 퀴즈로 잠자는 뇌를 깨워요^^

오늘 하루도 알차게 보냈나요~? 시계를 보면 1부터 12까지의 숫자로 구성되어있어요.

문제 1 하루는 몇 시간일까요?
　① 6시간　　② 12시간
　③ 24시간　④ 36시간

문제 2 1년은 총 며칠일까요?
　① 30일　　② 31일
　③ 100일　④ 365일

CHAPTER 03 — 내 손으로 만드는 우주선

이런걸 배워요!
- 오늘은 도형을 삽입, 서식 변경하여 우주선을 만들어요.
- 불러올 파일 : 우주선.show   ■ 완성된 파일 : 우주선(완성).show

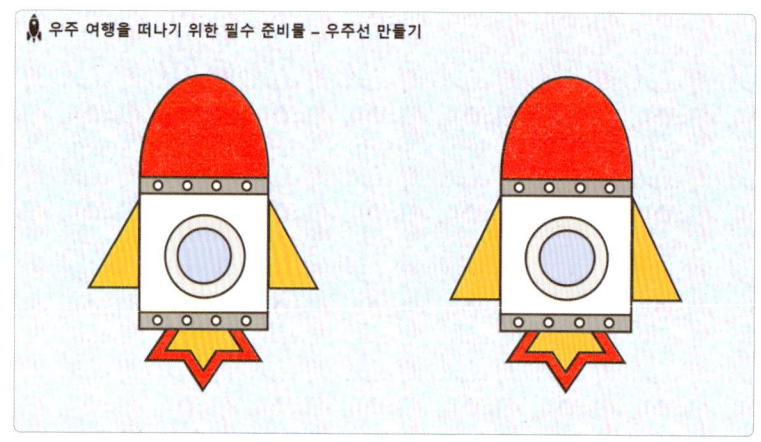

도형을 사용하여 만든 우주선 어때? 날 따라하면 나중엔 나만의 우주선도 만들 수 있다구...

좋아! 연습해서 꼭 내 우주선을 만들 거야.

01 도형으로 우주선 만들기

❶ 한쇼를 실행한 다음 '우주선.show' 파일을 열고 슬라이드의 내용을 확인해 보세요.

❷ 우주선의 날개를 만들기 위해 [입력] 탭-[도형]-[자세히()]를 클릭하여 [기본 도형]-'직각 삼각형()'을 선택하고 그림과 같이 그려주세요.

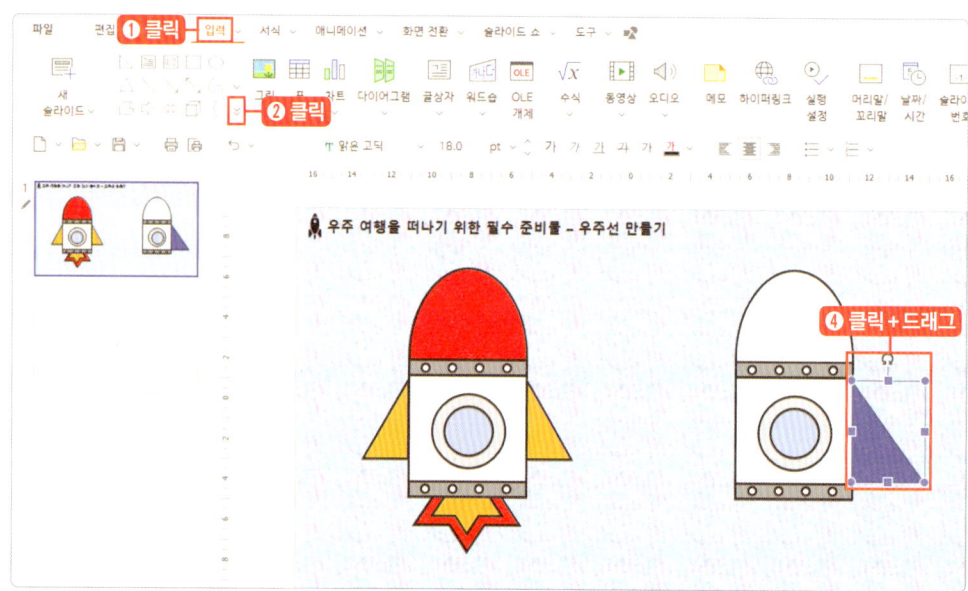

❸ '직각 삼각형( )' 도형을 마우스로 클릭한 다음 키보드의 Ctrl + Shift 키를 누르면서 왼쪽으로 드래그하면 같은 위치에 복사할 수 있어요.

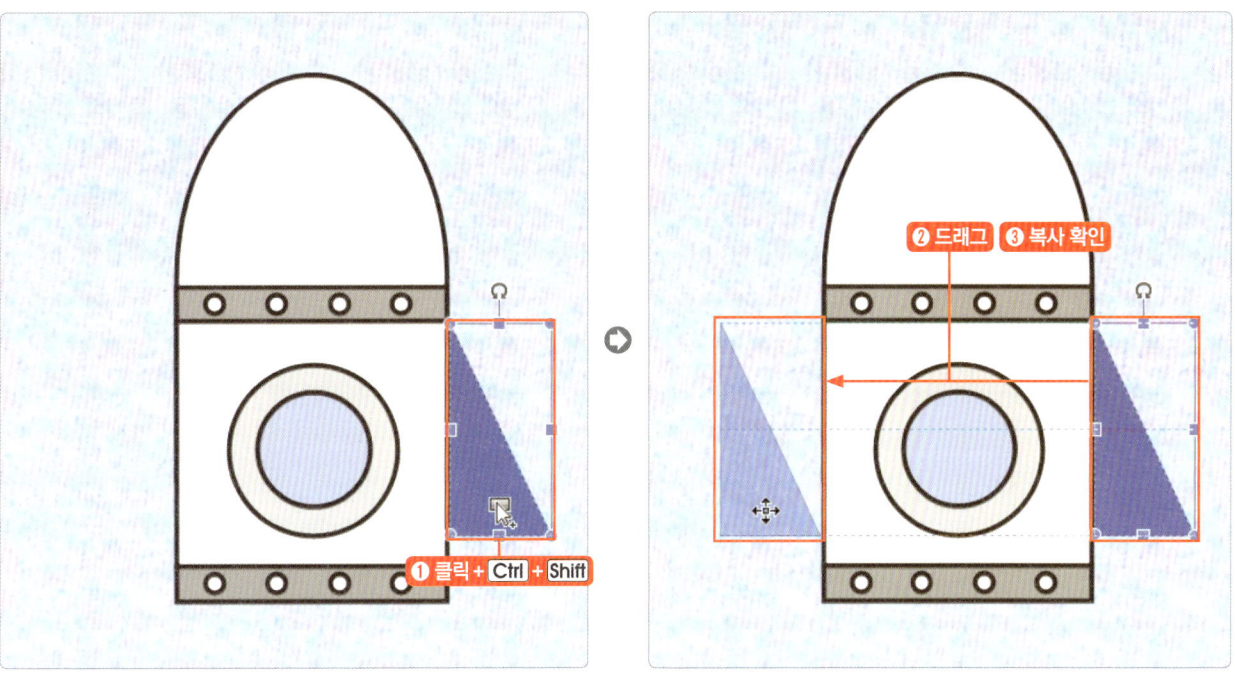

TIP

■ 도형을 복사하는 단축키 알아보기

도형을 클릭한 상태에서 Ctrl + 드래그하면 원하는 위치로 복사할 수 있고, Ctrl + Shift + 드래그하면 누르면 같은 위치로 복사할 수 있습니다.

❹ '왼쪽 날개'를 클릭하고 [도형] 탭-[회전]-[좌우 대칭]을 클릭해요.

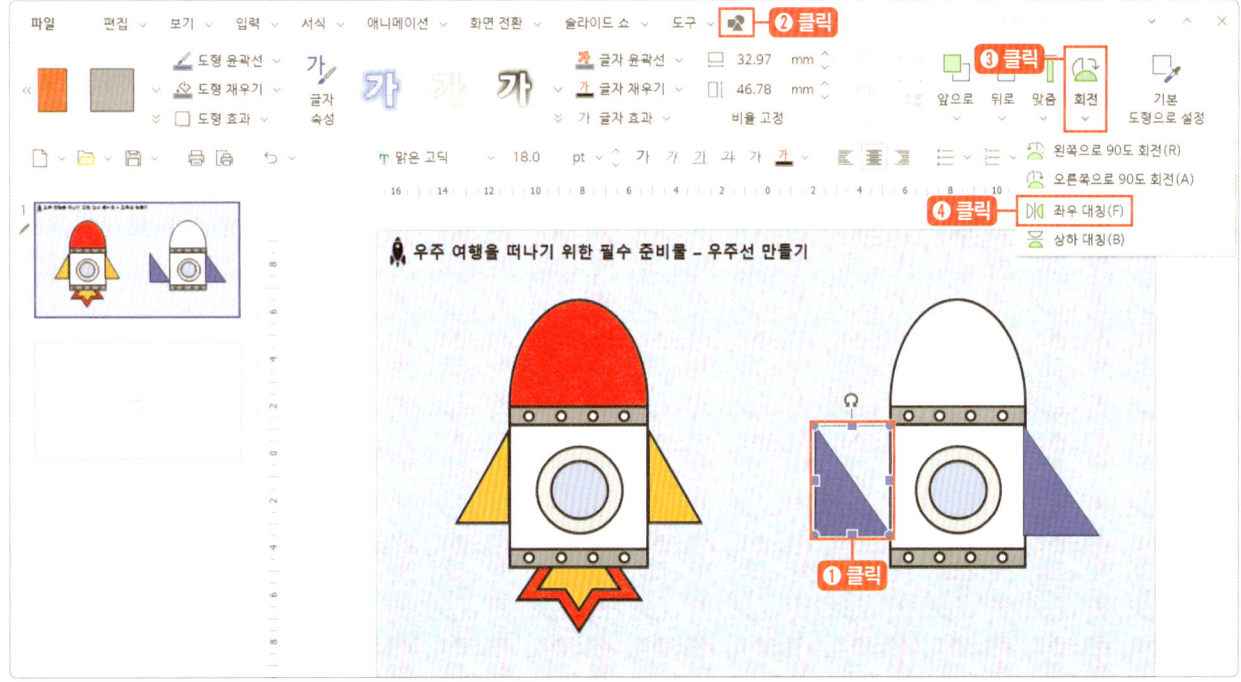

❺ 로켓의 불꽃을 표현하기 위해 [입력] 탭-[도형]-[자세히(⌄)]를 클릭하여 '별: 포인터가 6개인 별(✡)' 도형을 선택하고 그림과 같이 2개의 별 모양으로 그려주세요.

※ 도형을 그릴 때 Shift 키를 누르면서 드래그하면 가로, 세로 비율이 똑같은 별 모양으로 그릴 수 있어요.

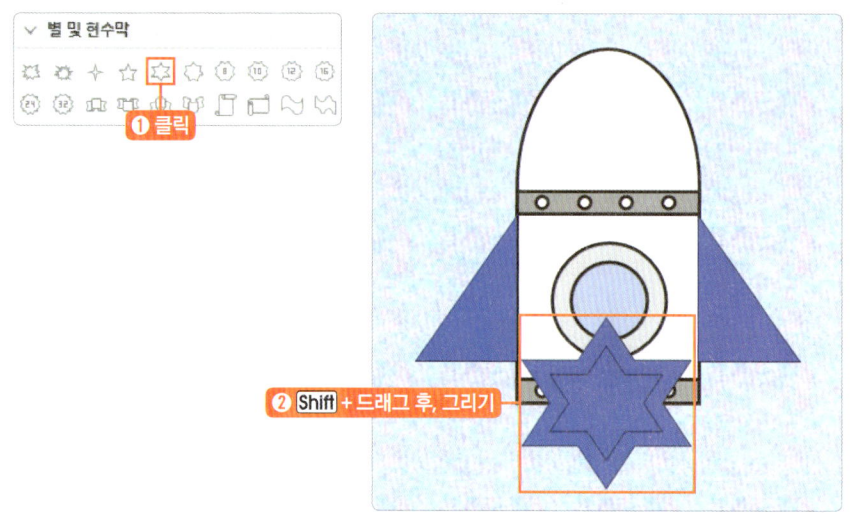

❻ 키보드의 Shift 키를 누르면서 2개의 '별 모양' 도형을 클릭하고, [도형] 탭-[뒤로]-[맨 뒤로]를 클릭해요.

※ Shift 키를 누르고 도형을 클릭하면 여러 개의 도형을 동시에 선택할 수 있습니다.

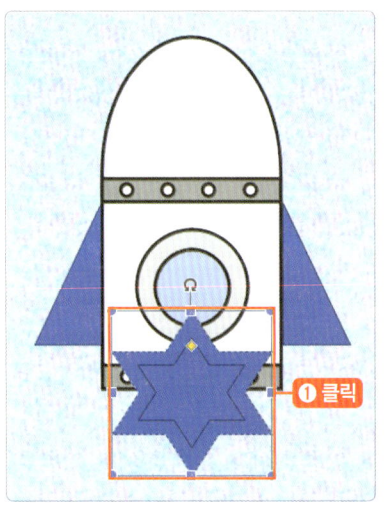 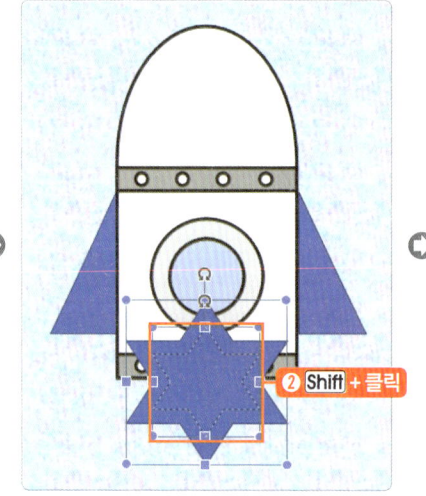 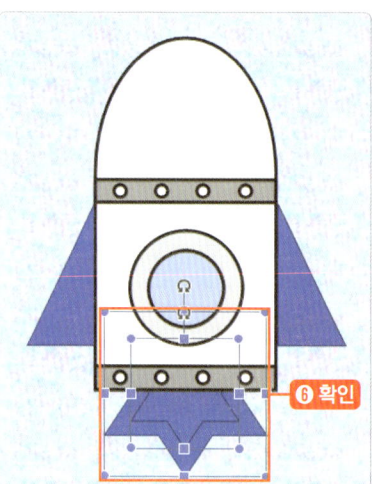

02 우주선 색칠하기

① 도형을 클릭하고 [도형] 탭-[도형 채우기]에 있는 색상을 사용해서 우주선에 색을 칠할 수 있어요.

② Shift 키를 누르면서 우주선의 윗부분과 바깥쪽 불꽃 도형을 마우스로 클릭하고 [도형] 탭-[도형 채우기]에서 '빨강(RGB:255,0,0)'으로 설정해 보세요.

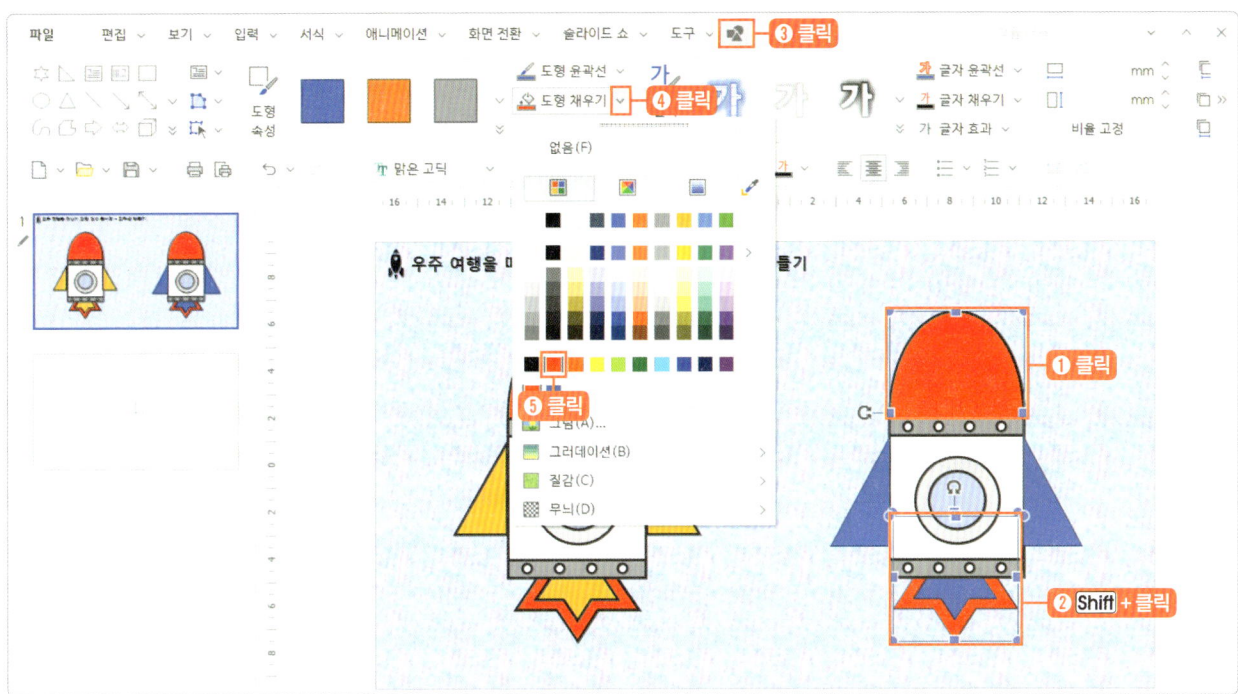

③ 이번에도 Shift 키를 누르면서 우주선의 날개 부분과 안쪽 불꽃 도형을 클릭하고, [도형] 탭-[도형 채우기]에서 '강조4(RGB:255,192,0)'으로 설정해 보세요.

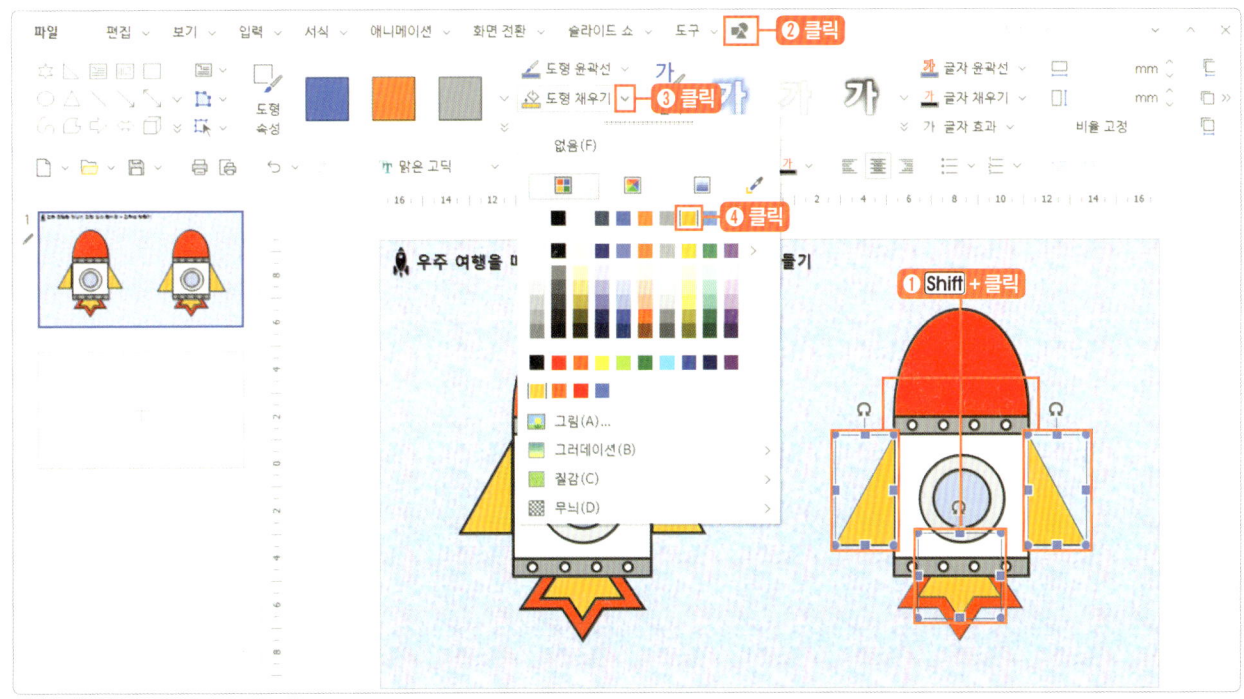

03 굵은 선으로 설정하기

❶ '오른쪽 우주선'을 전체적으로 드래그하여 선택해요.

※ 우주선을 선택할 때 빈 영역을 클릭하여 드래그하고, 우주선 도형이 모두 점선 영역 안에 있어야 해요.

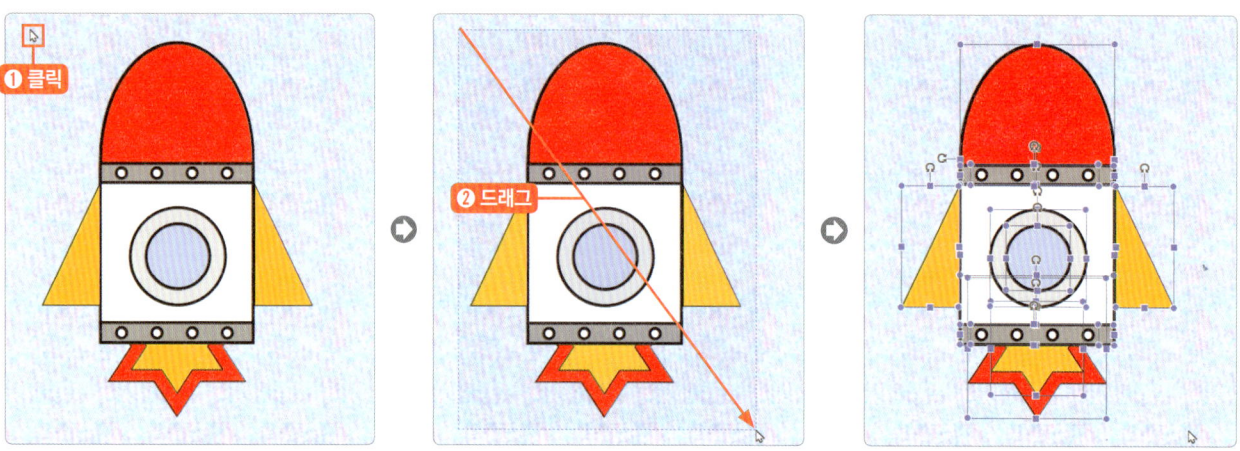

❷ 이어서, [도형] 탭-[도형 윤곽선]에서 '검정(RGB:0,0,0)'로 설정한 다음 [도형 윤곽선]-[선 굵기]-'3pt'로 설정하면 우주선의 선이 두꺼워져요.

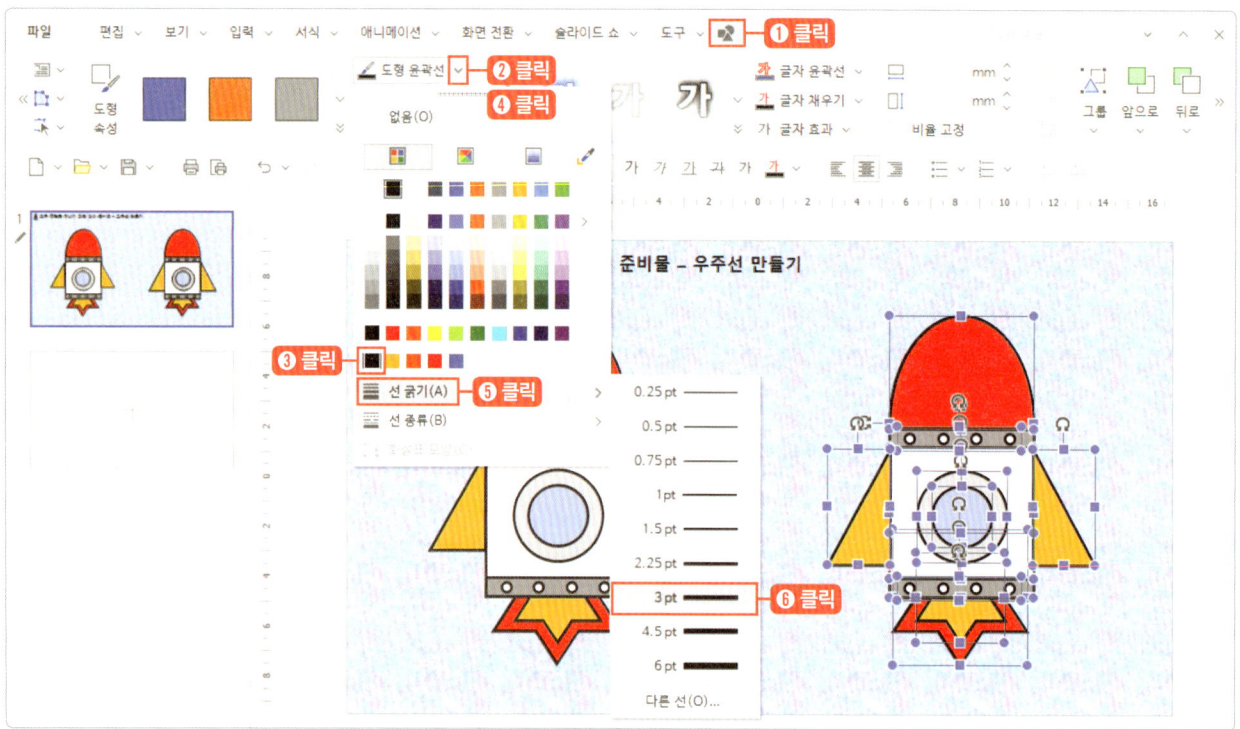

❸ 짠~ 우주선 완성!! [파일] 탭-[다른 이름으로 저장하기]를 클릭한 다음 [찾아보기]를 클릭하세요. 이어서, [내 이름] 폴더에 '우주선(완성)' 파일 이름으로 저장하세요.

CHAPTER 03 — 미션! 뚝딱뚝딱!

📁 불러올 파일 : 우주인.show 📁 완성된 파일 : 우주인(완성).show

01 내 맘대로 사고력으로 문제해결능력 UP

도형을 사용하여 <완성> 그림처럼 우주인의 모습을 완성해주세요~

[힌트 1] 모서리가 둥근 직사각형(▢)과 타원(○), 물결(⌒) 도형을 사용하여 만들어주세요.

[힌트 2] 도형의 색상은 '하늘색(RGB:97,130,214) 60% 밝게', '하늘색(RGB:97,130,214) 80% 밝게' 2개의 색상과 '강조 4'를 사용했어요.

완성

02 학습 게임으로 타자 실력 UP

혼자하는 타자 게임 또는 친구들과 대전 게임으로 승부를 겨루어 보아요.

▲ 혼자 게임

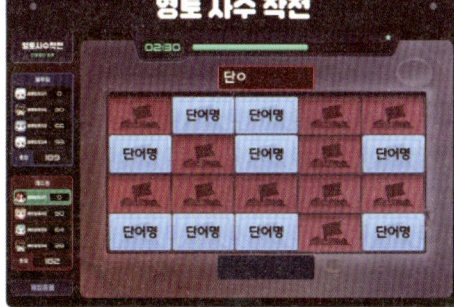
▲ 대전 게임

CHAPTER 04 — 내 맘대로 해결사 되기!

지난 세 개의 차시에서 배운 내용으로 스스로 해결해 볼까?

■ 불러올 파일 : 내가 만든 우주선.show   ■ 완성된 파일 : 내가 만든 우주선(완성).show

오늘은 지난 세 개의 차시에서 배운 내용으로 하나의 작품을 만들어 볼 거예요. 오른쪽 페이지를 참고해서 스스로 해결해 보고 어려운 부분은 손을 들어주세요.

완성 작품

슬라이드 구성

작업 1 : 우주선 만들기

작업 2 : 우주선 이름 만들기

■ **이렇게 만들어 보아요.** (아래 지시사항과 힌트를 보면서 스스로 해결해 보아요.)

01 내 맘대로 사고력으로 문제해결능력 UP

우주선 만들기

1. 도형을 사용하여 우주선 만들기
2. 필요한 도형은 [입력] 탭-[도형] 사용해서 만들기
3. [도형 서식] 탭-[글자 서식]으로 우주선 이름 만들기

休 알아두면 좋은 컴퓨터 상식

CHAPTER 05 잠자는 뇌를 깨우는 5분 스트레칭

4분 K마블 타자연습으로 잠자는 손가락을 깨워요^^

평균 타수:

연습하고 싶은 학습 게임을 선택해서 연습해 보아요.

1분 넌센스 퀴즈로 잠자는 뇌를 깨워요^^

우주에는 지구를 포함한 여러 개의 행성이 태양을 중심으로 빙글빙글 돌고 있어요.
태양을 시작으로 수성-금성-(　　　)-화성-목성-토성-천왕성-해왕성 순서에요.
빈칸에 들어갈 행성은 무엇일까요~?

정답:

[힌트] "수요일 금요일 지구가 화창해, 목이 쉬고 토요일엔 천사 같은 해양 왕국으로!"

CHAPTER 05 우주 풍경 꾸미기

이런걸 배워요!
- 오늘은 배경 서식과 그림을 삽입하고 수정하는 방법에 대해 배워요.
- 불러올 파일 : 우주 풍경.show　■ 완성된 파일 : 우주 풍경(완성).show

우와!
멋진 우주다!

행성을 추가해서
멋진 우주를 만들어보니
어때?

01 배경 서식으로 우주 풍경 꾸미기

① 한쇼를 실행한 다음 '우주 풍경.show' 파일을 열고 슬라이드의 내용을 확인해 보세요.

② [서식] 탭-[배경 스타일(　)]에서 [배경 속성] 메뉴를 클릭해요.

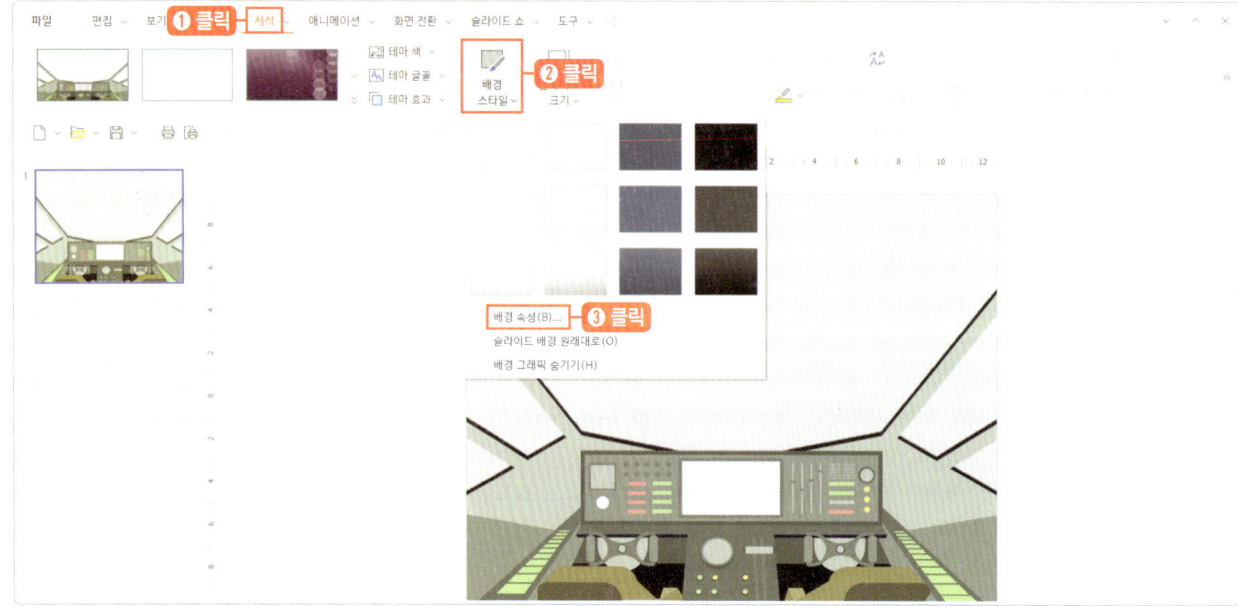

❸ [배경 속성] 창에서 [채우기]를 클릭하고 '질감/그림' 옵션에 체크합니다. 이어서, [그림( )]-'그림'을 클릭하여 [불러올 파일]-[Chapter 05]-'우주배경.jpg' 파일을 선택하고 <열기> 단추를 클릭합니다.

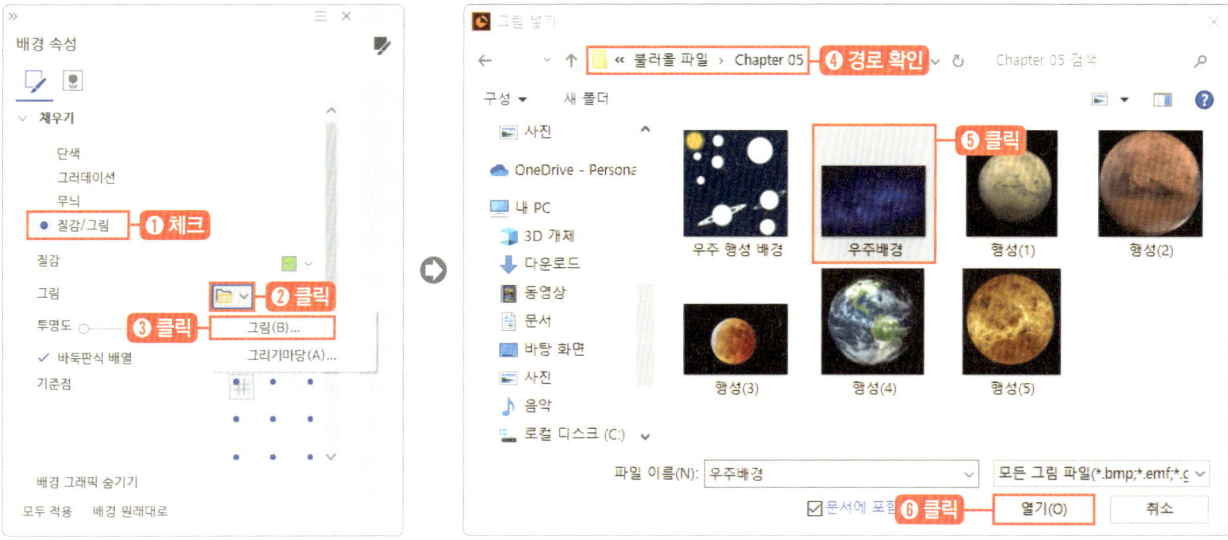

❹ 슬라이드 배경이 선택한 그림으로 채워져요.

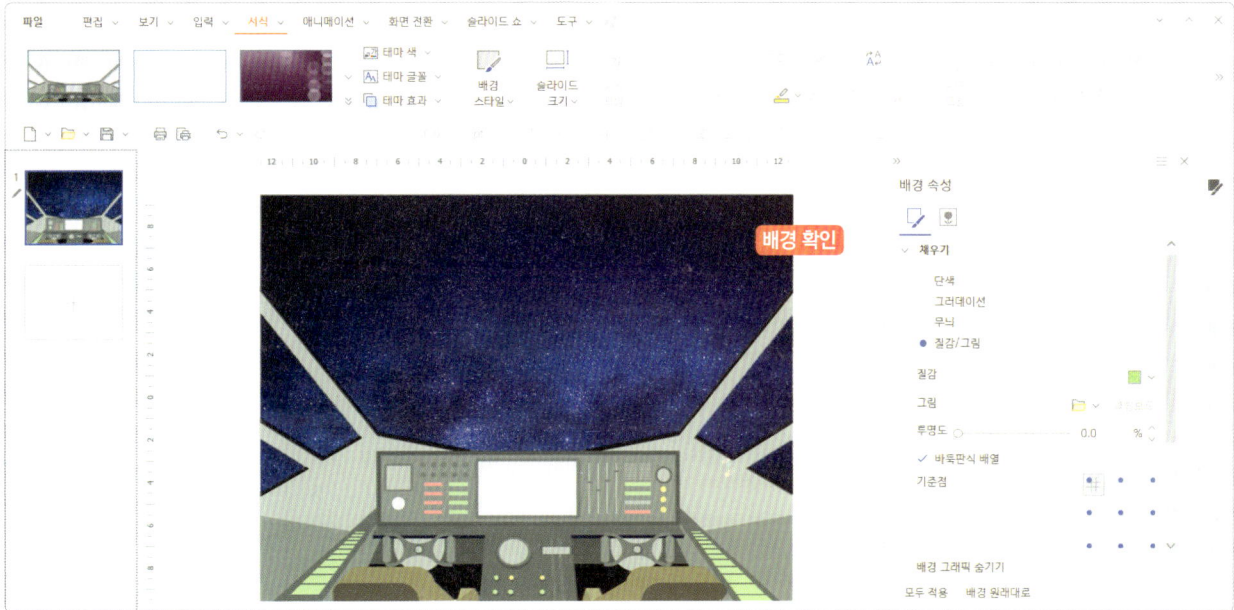

02 우주를 구성하는 행성 그림 삽입하기

① 우주에는 수많은 행성들이 있어요. 행성을 표현하기 위해 [입력] 탭-[그림( )]-[그림]을 클릭하여 '행성(1).jpg' 그림을 추가합니다.

※ '행성(1).jpg' 그림은 [불러올 파일]-[Chapter 05] 폴더에 있어요.

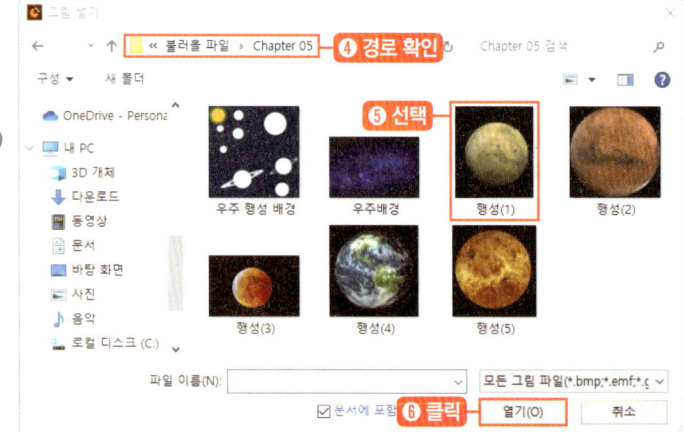

② '행성' 그림이 추가되었어요. 그림의 배경을 제거하기 위해 그림을 클릭하고 [그림] 탭-[색]-'투명한 색 설정'을 클릭해요.

③ 행성 그림의 검정 배경을 클릭하여 투명한 색으로 변경되는 것을 확인해요.

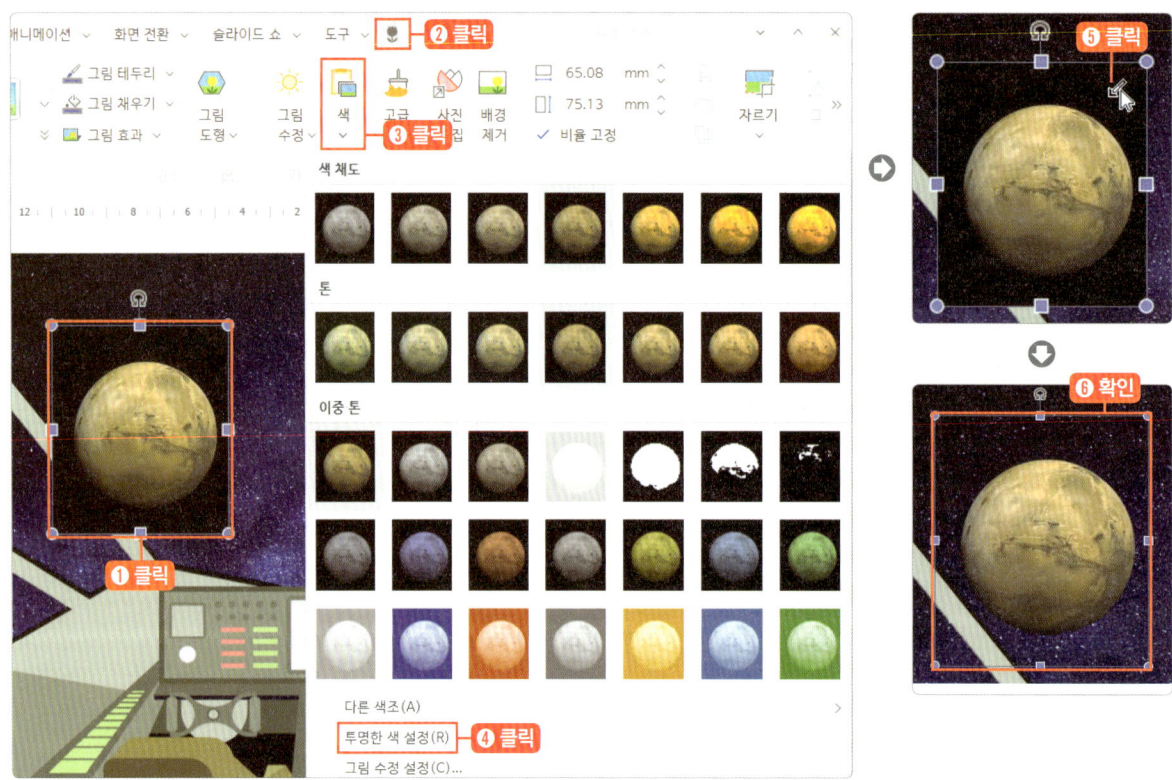

TIP 투명한 색 설정은 검정 배경이 아니더라도 원하는 색상을 클릭하면 선택한 색상의 영역을 투명한 색으로 변경할 수 있습니다.

❹ '행성'의 크기를 작게 조절하여 원하는 위치에 배치해요.

❺ 같은 방법으로 다른 행성을 추가해서 우주의 풍경을 꾸며주세요.
　　※ '행성' 그림은 [불러올 파일]-[Chapter 05] 폴더에 있어요.

❻ 완성된 파일은 [파일] 탭-[다른 이름으로 저장하기]를 클릭한 다음 [찾아보기]를 클릭하세요. 이어서, [내 이름] 폴더에 '우주 풍경(완성)' 파일 이름으로 저장하세요.

CHAPTER 05 미션! 뚝딱뚝딱!

📁 불러올 파일 : 우주 행성.show 📁 완성된 파일 : 우주 행성(완성).show

01 내 맘대로 사고력으로 문제해결능력 UP

- [슬라이드 1]에서 [서식] 탭-[배경 스타일]에서 [배경 속성] 기능을 사용해서 '우주 행성 배경.jpg' 그림으로 채워주세요.
  ※ '우주 행성 배경.jpg' 파일은 [불러올 파일]-[Chapter 05] 폴더에 있어요.
- [슬라이드 2]에 있는 행성들을 복사하여 [슬라이드 1]에 붙여서 우주 행성을 완성해 주세요~

완성

[힌트]
[슬라이드 2]에 있는 행성 그림의 배경색을 제거하기 위해 그림을 클릭하고 [그림] 탭-[색]-'투명한 색 설정'을 클릭하면 배경색을 지울 수 있습니다.

02 학습 게임으로 타자 실력 UP

혼자하는 타자 게임 또는 친구들과 대전 게임으로 승부를 겨루어 보아요.

▲ 혼자 게임

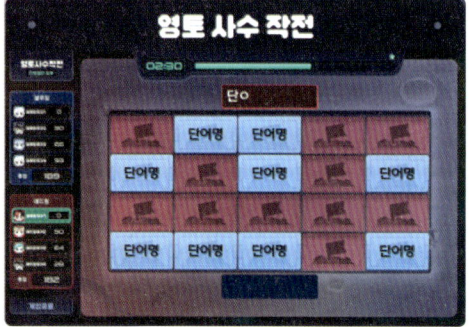
▲ 대전 게임

CHAPTER 06 잠자는 뇌를 깨우는 5분 스트레칭

4분 K마블 타자연습으로 잠자는 손가락을 깨워요^^

평균 타수:

연습하고 싶은 학습 게임을 선택해서 연습해 보아요.

1분 넌센스 퀴즈로 잠자는 뇌를 깨워요^^

물에 비친 물개의 모습과 똑같은 모습의 물개를 찾아 체크(∨) 표시해 주세요.

CHAPTER 06 나만의 외계인 꾸미기

이런 걸 배워요!
- 오늘은 그림을 그룹화해서 애니메이션을 적용하는 방법에 대해 배워요.

📁 불러올 파일 : 외계인.show   📁 완성된 파일 : 외계인(완성).show

우주선에서 외계인이 내려오고 있어!

애니메이션을 사용하여 외계인이 지구에 내려오는 모습을 만들어보자.

01 나만의 외계인 꾸미기

① 한쇼를 실행한 다음 '외계인.show' 파일을 열고 슬라이드의 내용을 확인해 보세요.

슬라이드 1

슬라이드 2

❷ [슬라이드 2]에서 원하는 모양의 외계인 모양을 클릭하고 Shift 키를 누르면서 원하는 표정을 클릭해요. 이어서, [마우스 오른쪽 단추]를 눌러서 [복사하기]를 클릭해요.

※ 단축키 Ctrl + C 키를 눌러서 복사할 수 있어요.

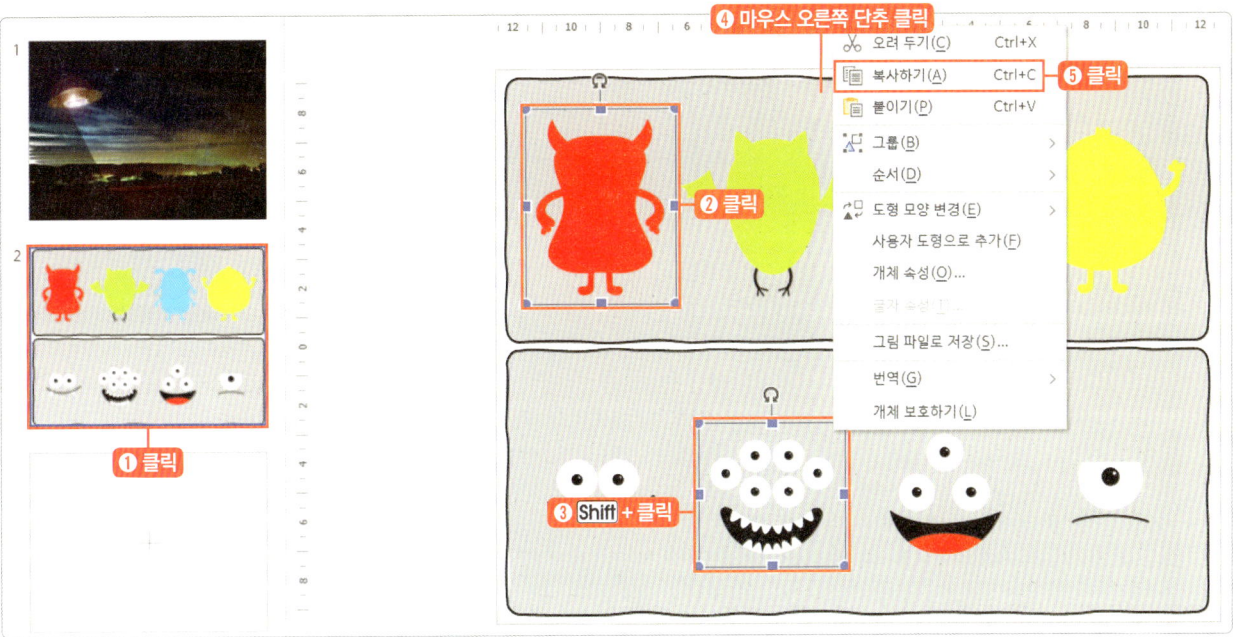

❸ [슬라이드 1]을 클릭하고 빈 공간에서 [마우스 오른쪽 단추]를 눌러서 [붙이기]을 클릭해요. 외계인의 모양과 표정이 복사되었는지 확인해요.

※ 화면을 클릭하고 단축키 Ctrl + V 키를 눌러서 붙여넣기 할 수 있어요.

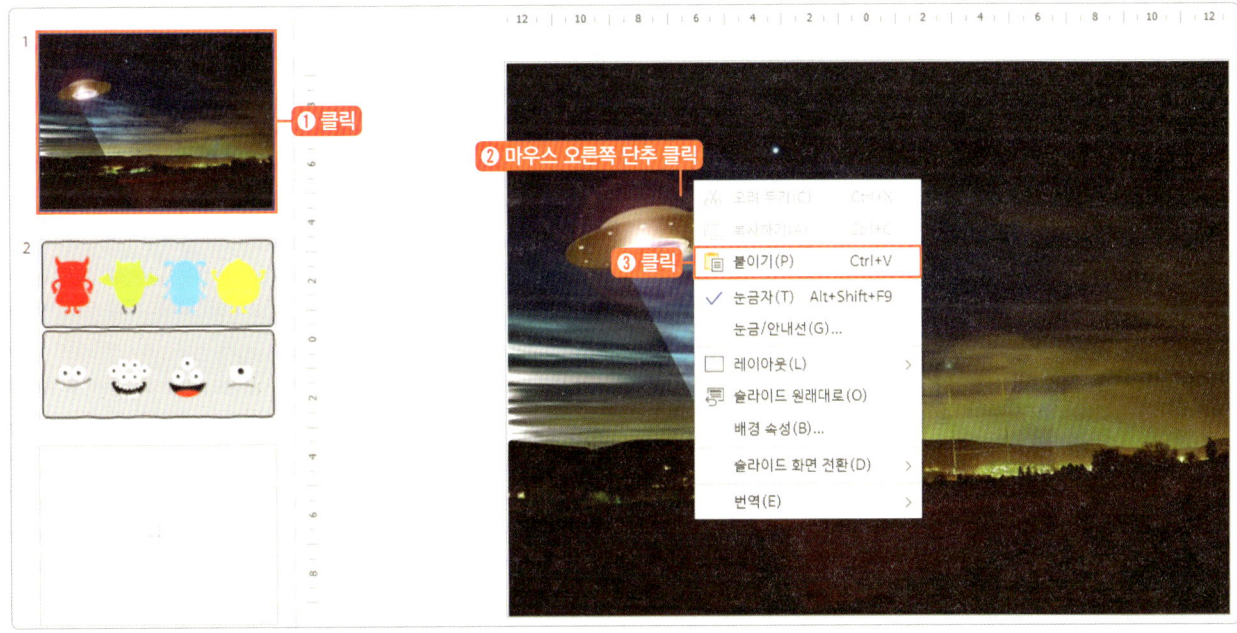

④ [슬라이드 1]에서 Esc 키를 누른 다음 외계인의 표정을 외계인 모양과 겹치도록 위치와 크기를 조절하고 Shift 키를 누르면서 외계인의 모양을 클릭해요.

⑤ 외계인의 모양과 표정이 함께 선택되었다면, [마우스 오른쪽 단추]를 클릭하여 [그룹]-[개체 묶기]를 클릭해요.

※ [그룹]-[개체 묶기] 메뉴는 여러 개의 이미지를 한 개의 그룹으로 묶어서 사용할 수 있어요. 단축키는 Ctrl + G 키를 사용해요.

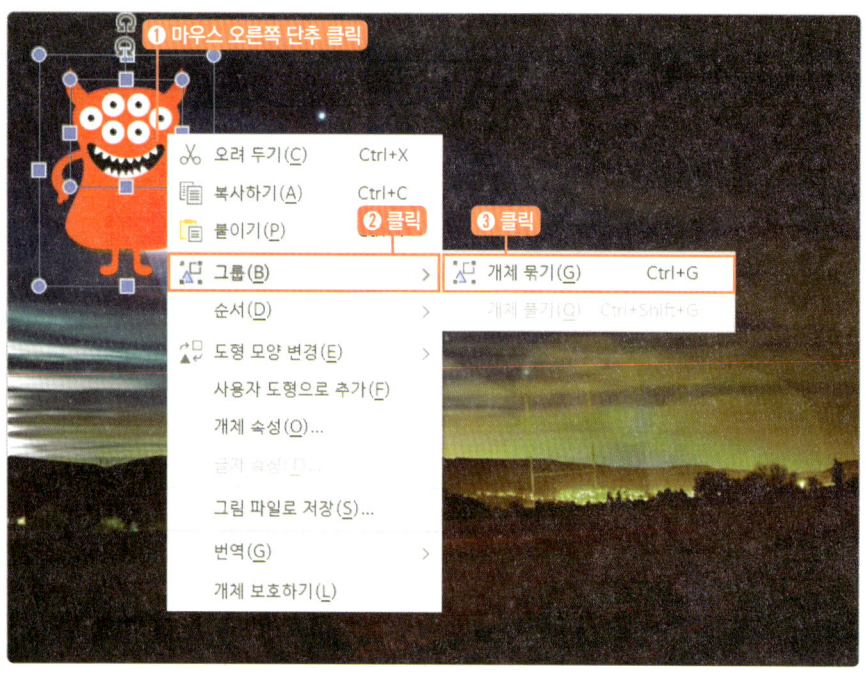

02 우주선에서 내려오는 외계인 만들기

❶ 그룹화된 외계인을 우주선 위로 배치되도록 크기와 위치를 조절해요.

※ Shift 키를 누르면서 크기를 줄이면 가로/세로 비율을 일정하게 줄일 수 있어요.

❷ 외계인이 선택된 상태에서 [애니메이션] 탭-자세히(⌄)를 클릭하고, [나타내기]-[확대/축소]를 클릭해요.

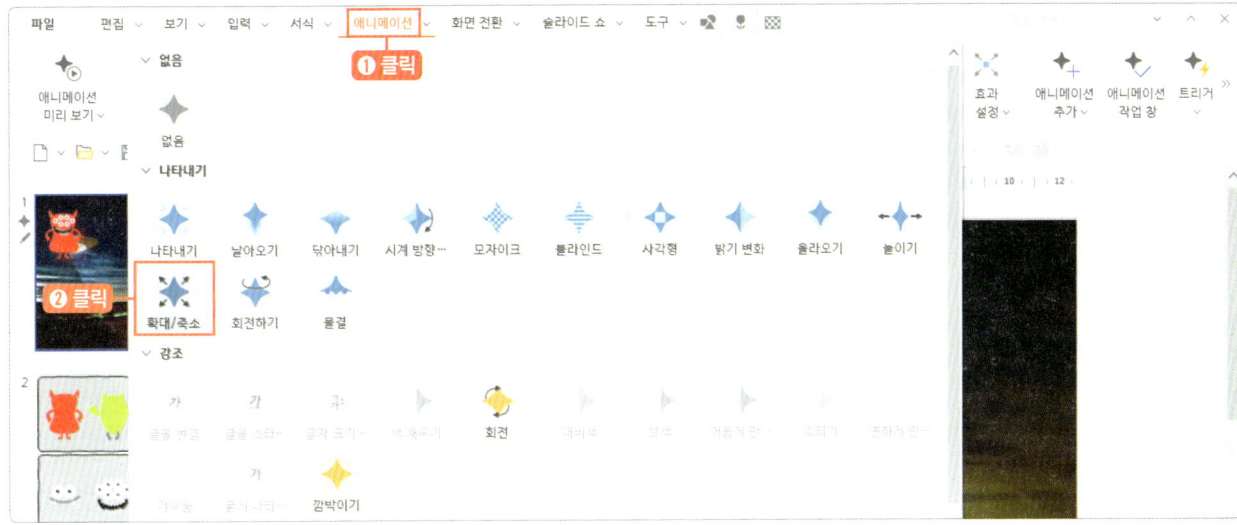

❸ 외계인 그림에 한번 더 애니메이션을 적용하기 위해, [애니메이션] 탭-[애니메이션 추가]-[이동 경로]-[선(　)]을 클릭해요.

06 · 나만의 외계인 꾸미기

❹ 마우스 커서가 연필 모양으로 변경되면 외계인의 경로를 위에서 대각선 아래로 그려요.

※ 경로를 변경하려면 아래쪽에 있는 '빨간 화살표'를 클릭하여 원하는 곳으로 드래그하면 경로를 수정할 수 있어요.

❺ '선'으로 설정한 애니메이션의 타이밍을 설정하기 위해 [→시작 : 이전 효과 다음에] 클릭하세요.

※ 하나의 개체(외계인 그림)에 두 개의 애니메이션 지정하고 [애니메이션 작업 창]에서 애니메이션의 순서를 지정할 수 있어요.

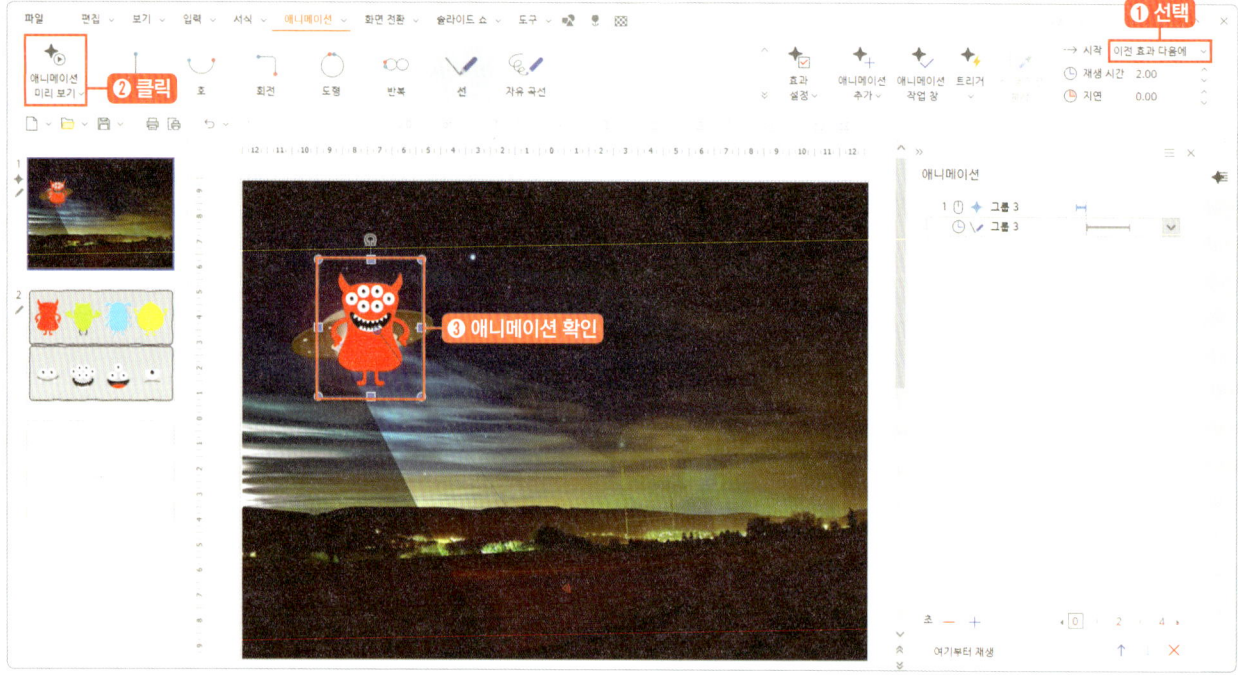

❻ [애니메이션] 탭-[애니메이션 미리보기]를 눌러 외계인이 우주선에서 내려오는 걸 확인할 수 있어요.

❼ 완성된 파일은 [파일] 탭-[다른 이름으로 저장하기]를 클릭한 다음 [찾아보기]를 클릭하세요. 이어서, [내 이름] 폴더에 '외계인(완성)' 파일 이름으로 저장하세요.

CHAPTER 06 - 미션! 뚝딱뚝딱!

■ 불러올 파일 : 우주선 탑승.show   ■ 완성된 파일 : 우주선 탑승(완성).show

문제해결능력

01 내 맘대로 사고력으로 문제해결능력 UP

- '우주선 탑승.show' 파일을 열고 외계인이 우주선으로 갈 수 있도록 길을 찾아주세요.
- 길을 찾았다면 외계인의 위치를 시작 위치로 이동해 주세요.
- 외계인을 클릭하고 [애니메이션] 탭의 [이동 경로]-[자유곡선] 선택하여, 슬라이드에 경로를 그려주세요.
- [효과 설정] – '회전하며 이동'과 재생 시간 '5:00'로 적용하세요.

완성

02 학습 게임으로 타자 실력 UP

혼자하는 타자 게임 또는 친구들과 대전 게임으로 승부를 겨루어 보아요.

▲ 혼자 게임

▲ 대전 게임

알아두면 좋은 컴퓨터 상식

CHAPTER 07 잠자는 뇌를 깨우는 5분 스트레칭

4분 K마블 타자연습으로 잠자는 손가락을 깨워요^^

평균 타수 :

연습하고 싶은 학습 게임을 선택해서 연습해 보아요.

1분 넌센스 퀴즈로 잠자는 뇌를 깨워요^^

같은 모양의 우주선끼리 선으로 연결해 주세요.

  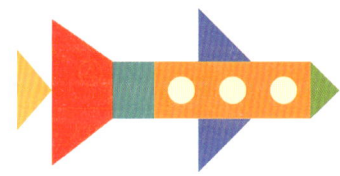

CHAPTER 07 우주 발표회

오늘은 테마를 활용하여 간단히 슬라이드 디자인을 변경해 보아요.

■ 불러올 파일 : 우주 발표회.show   ■ 완성된 파일 : 우주 발표회(완성).show

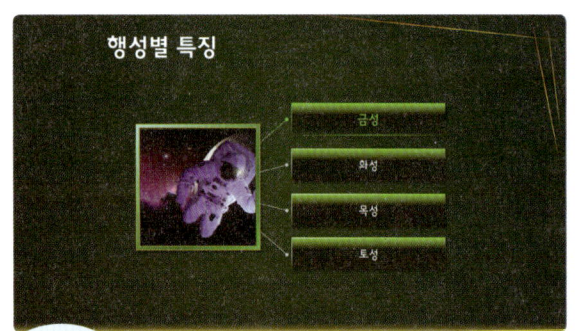

이렇게 빨리 디자인을 완성한다고?

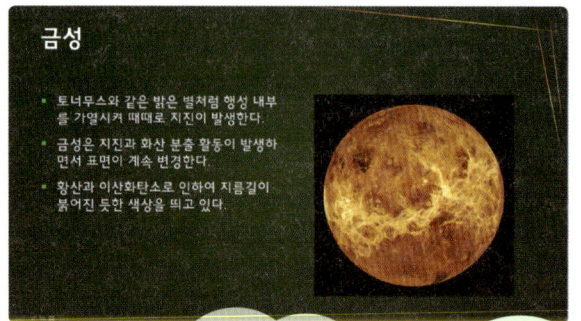

한쇼에서 제공하는 테마를 활용하면 빠르고 편하게 디자인을 할 수 있어.

01 슬라이드 테마 적용하기

1. 한쇼를 실행한 다음 '우주 발표회.show' 파일을 열고 슬라이드의 내용을 확인해 보세요.

2. [서식] 탭-[테마] 그룹에서 [자세히(˅)] 단추를 클릭해요.

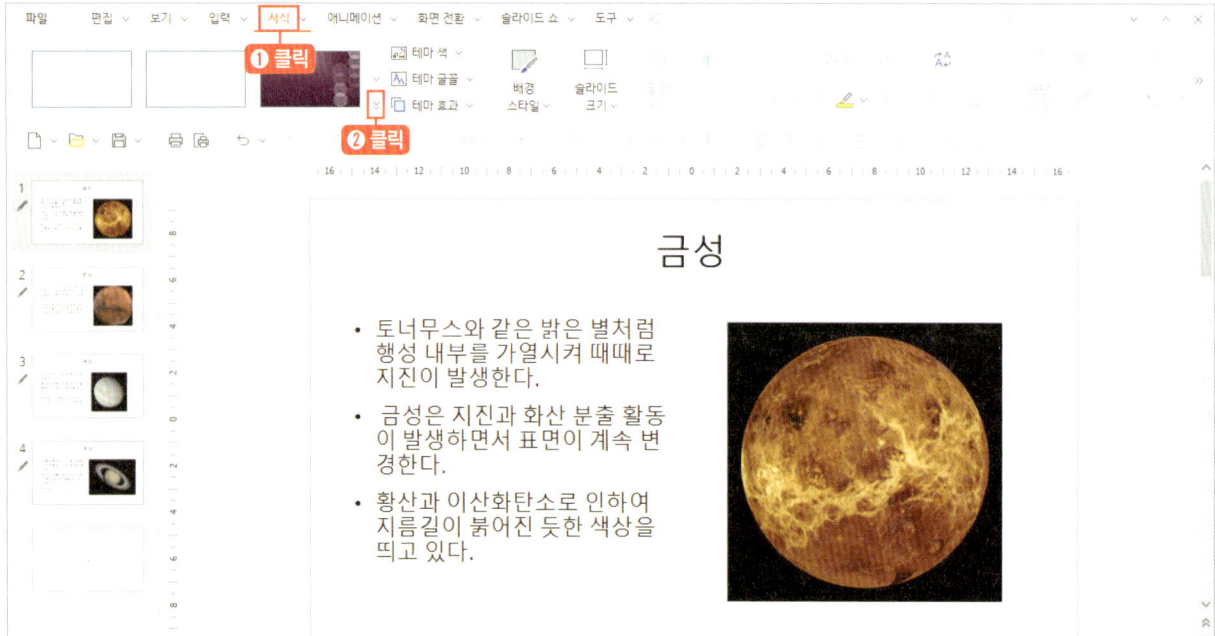

❸ 테마 디자인 목록에서 '빛' 테마를 선택해요.

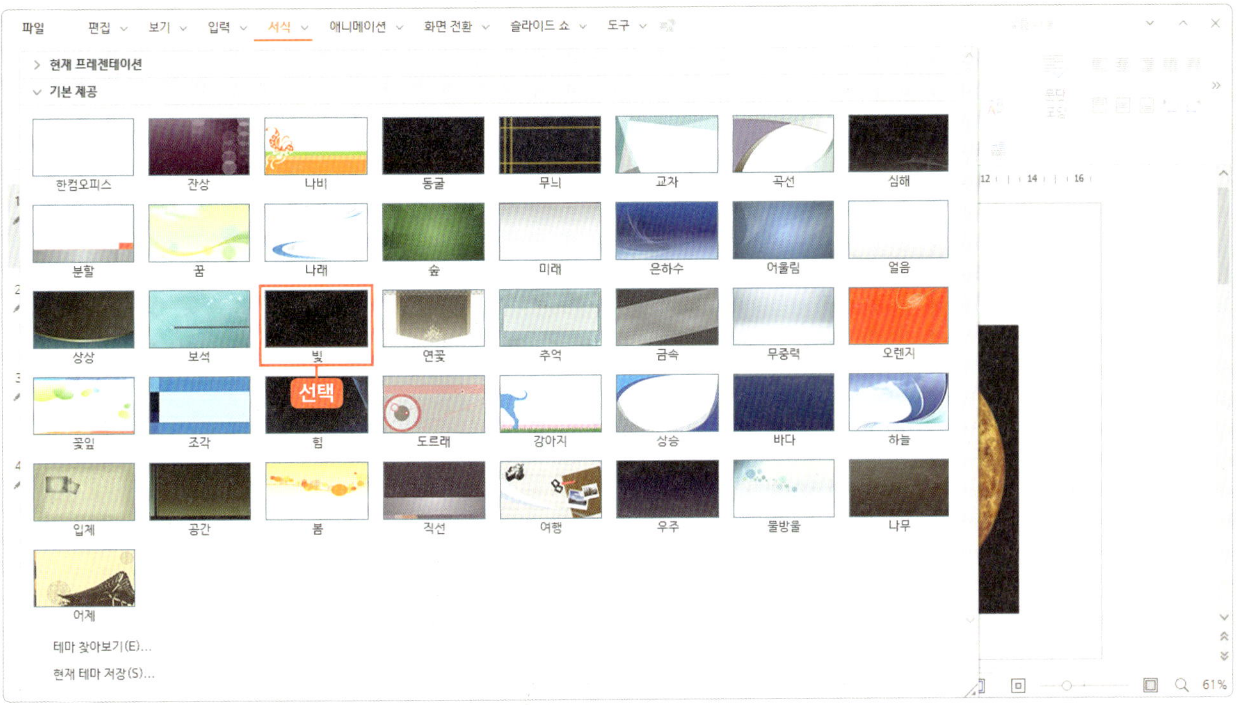

> **TIP**
> 한쇼에서는 슬라이드의 디자인을 변경할 수 있는 테마를 제공하며, [테마] 그룹은 테마 색, 테마 글꼴, 테마 효과로 구성된 서식 모음이에요.

❹ '빛' 테마를 설정하면 모든 슬라이드의 디자인이 변경됩니다.

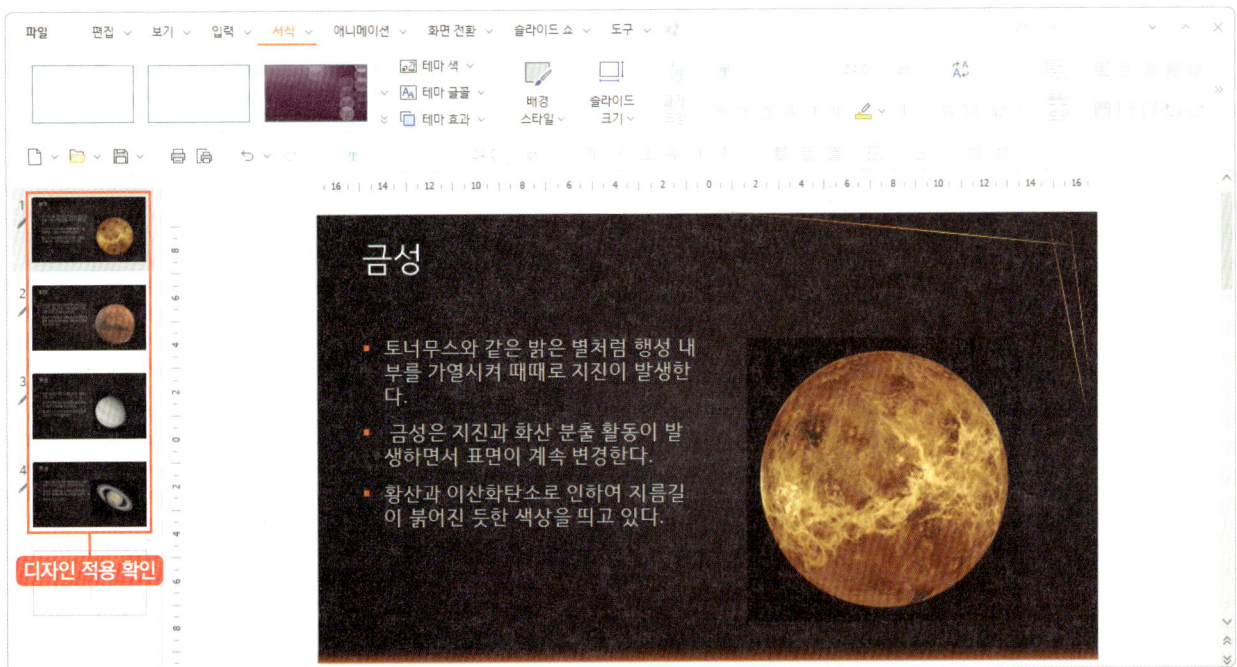

07 · 우주 발표회　049

02 테마 색과 글꼴 변경하기

❶ 테마의 전체적인 색상을 변경하기 위해 [서식] 탭-[테마] 그룹에서 [테마 색]-'꿈'을 선택해요.

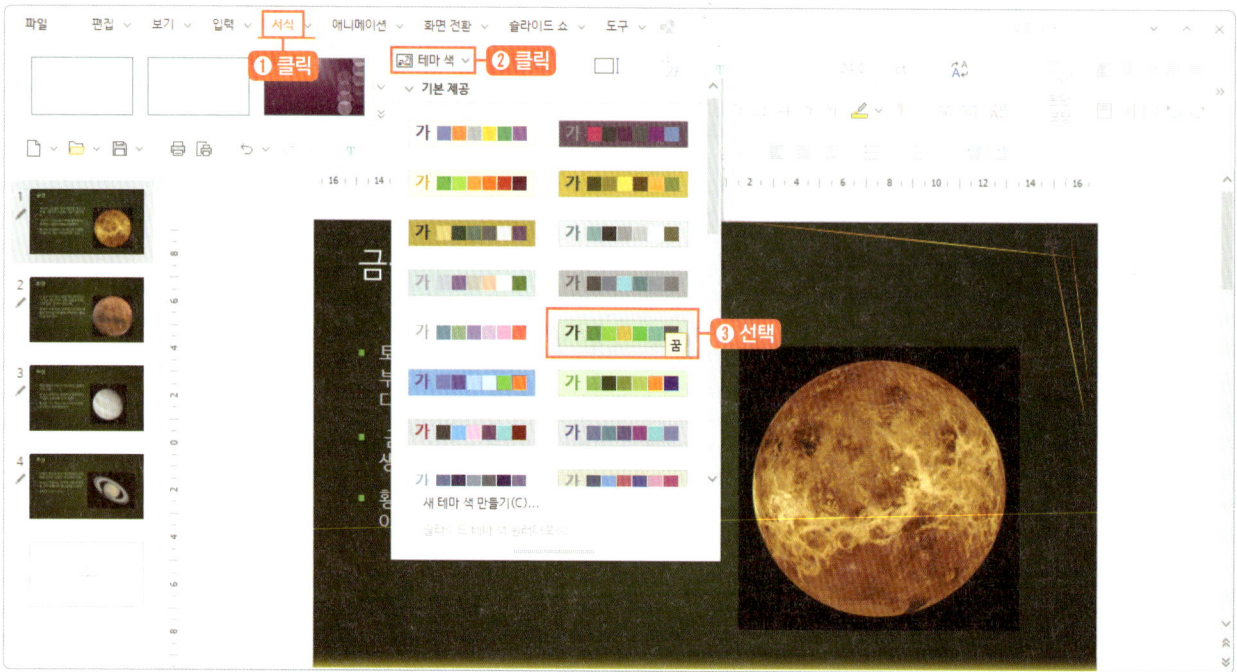

❷ 이번엔 테마 글꼴을 변경하기 위해 [서식] 탭-[테마] 그룹에서 [테마 글꼴]-'교차'를 선택해요.

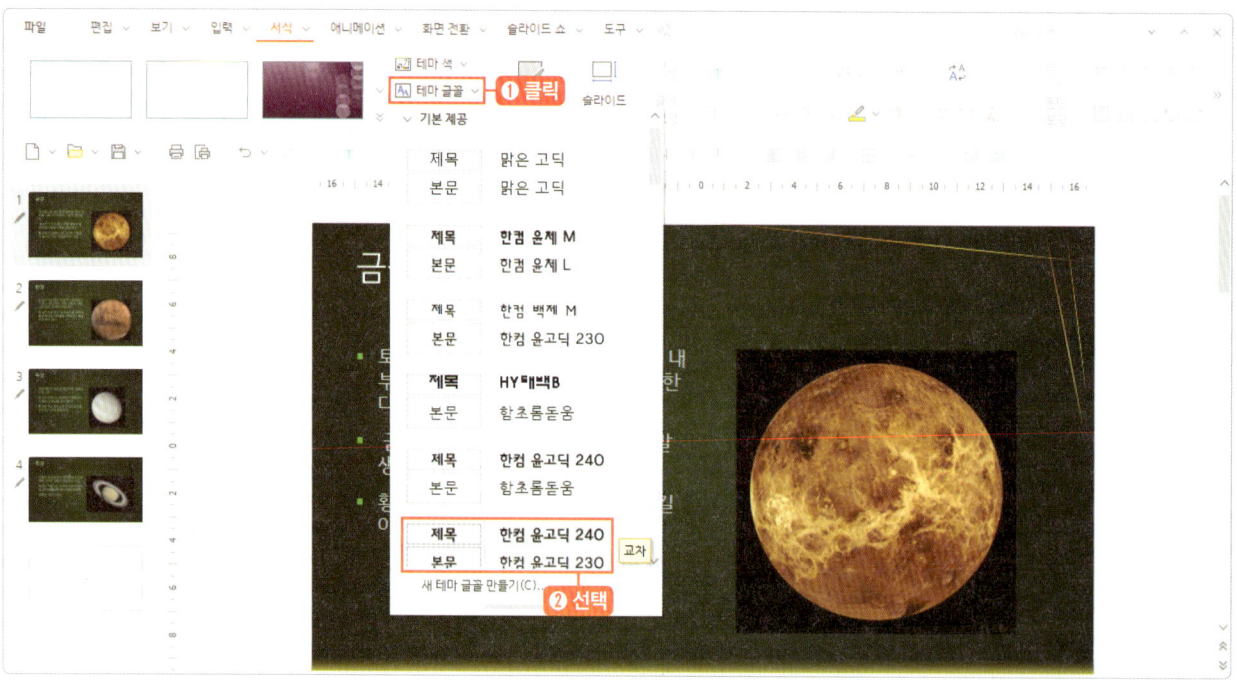

디자인 마당을 활용하여 목차 만들기

❶ [슬라이드 1]을 선택하고 [편집] 탭-[디자인 마당( )]-'활용 디자인3'을 선택해요.

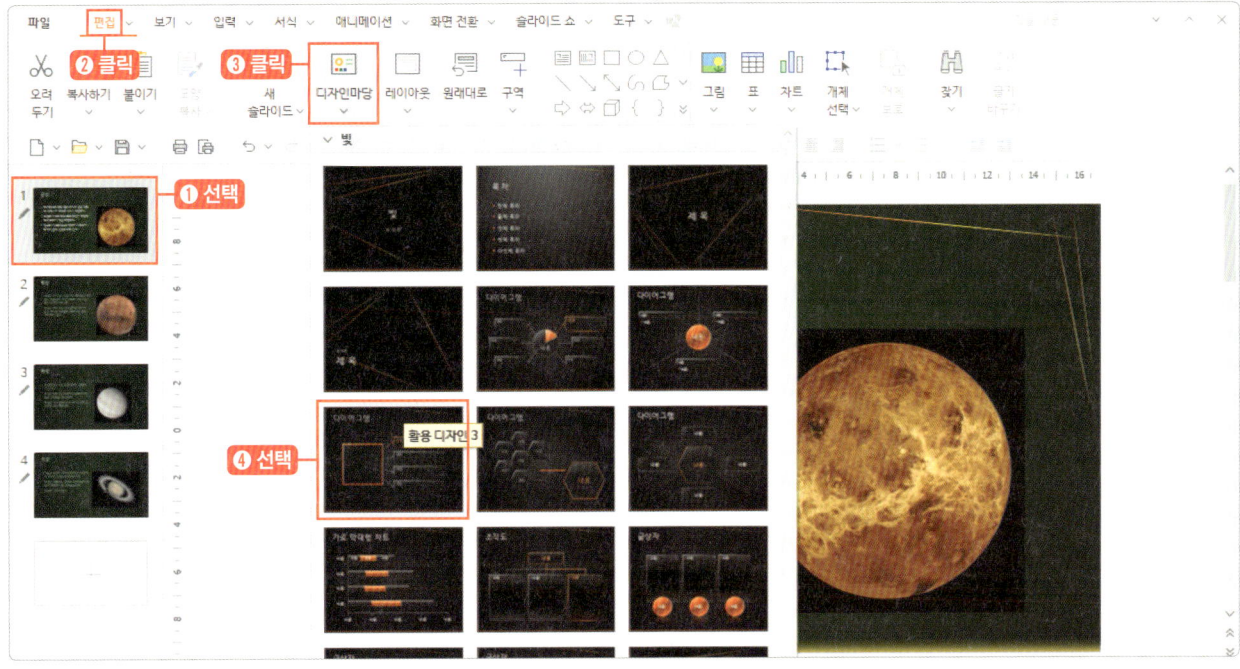

❷ 새 슬라이드가 추가되면 [그림( )]아이콘을 클릭해요. 이어서, [그림 넣기] 대화상자에서 [불러올 파일]-[Chapter 07]-'목차.jpg'를 선택하고 <열기> 단추를 클릭해요.

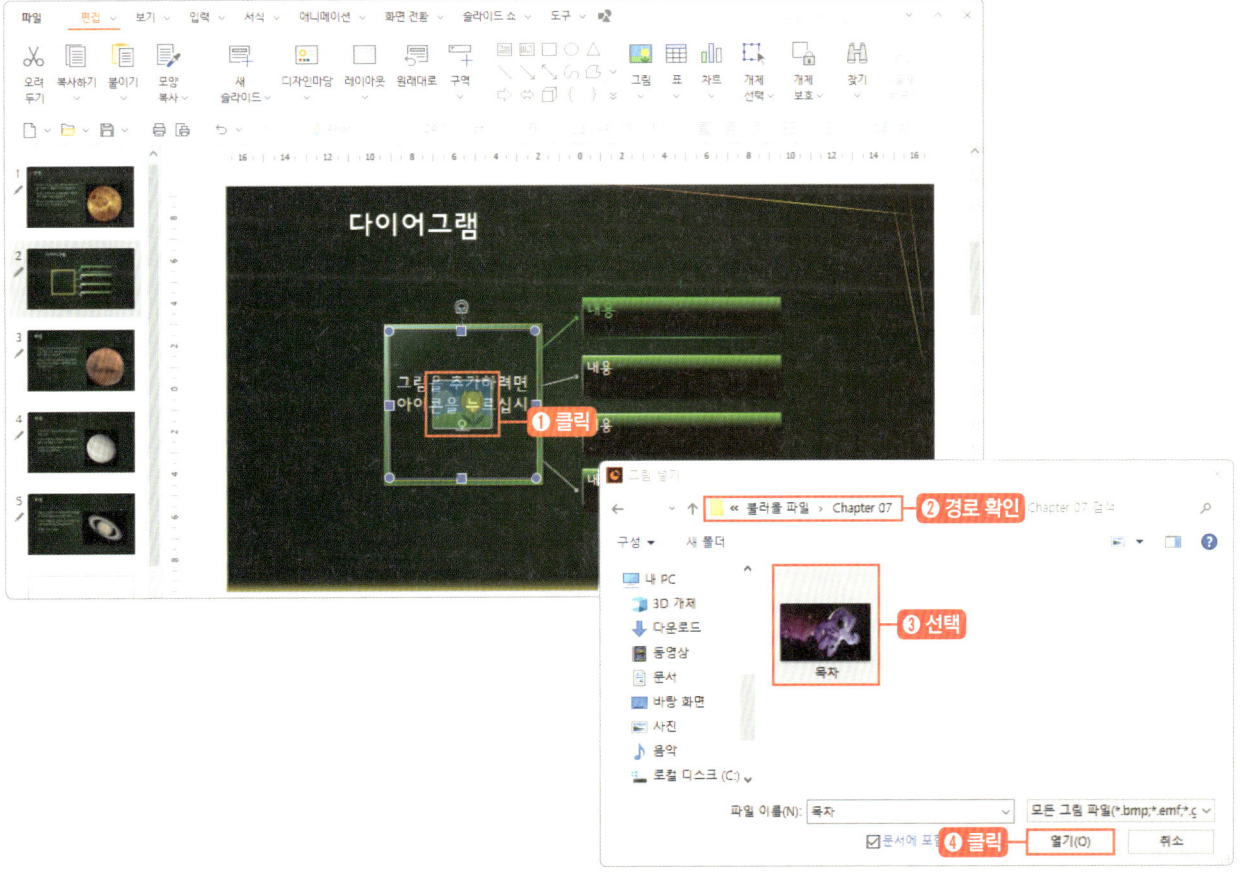

07 · 우주 발표회

❸ 목차의 제목은 '행성별 특징'으로 변경한 다음 도형을 클릭하고 차례대로 '금성', '화성', '목성', '토성'으로 입력해요. 이어서, [서식] 탭에서 '가운데 정렬(≡)'과 '중간(≡)' 맞춤을 클릭해요.

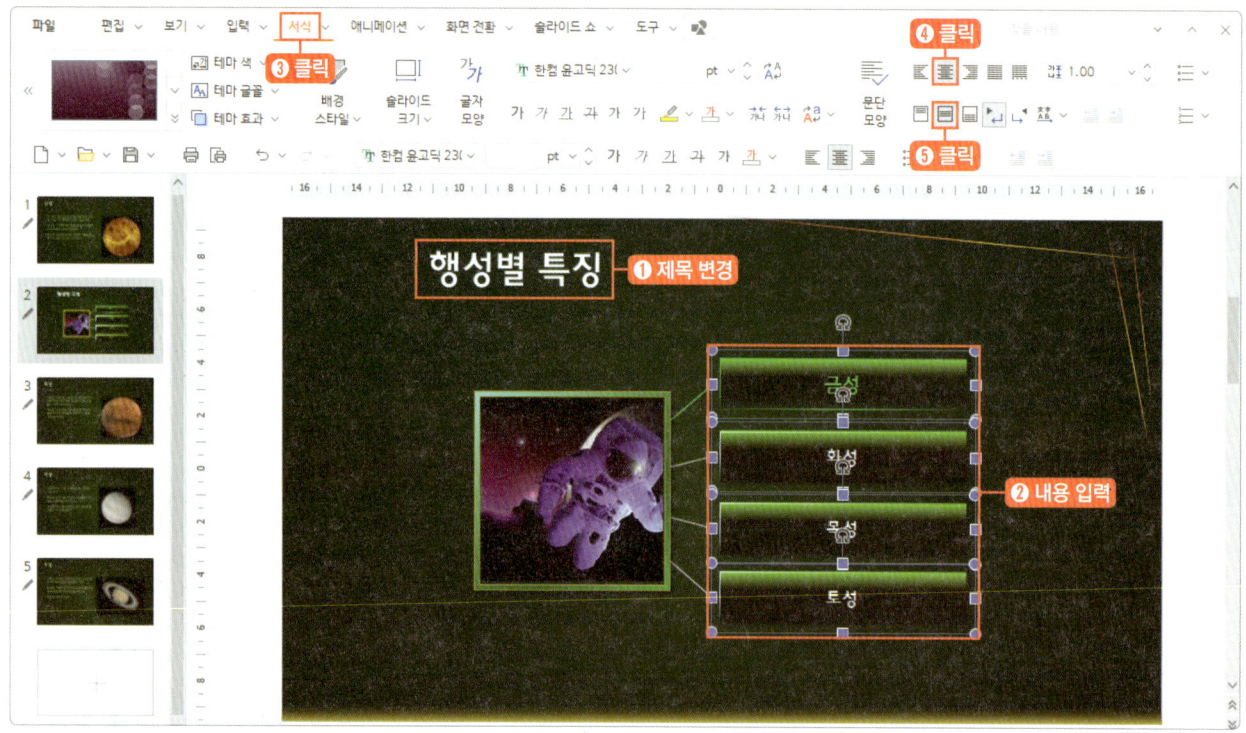

❹ 슬라이드 목록에서 [슬라이드 2]를 클릭하여 [슬라이드 1]과 순서를 변경해 봅니다.

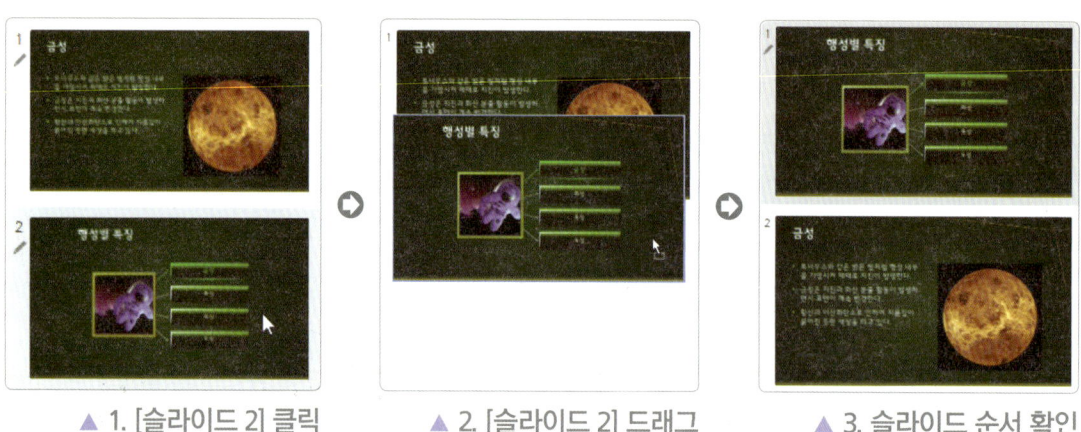

▲ 1. [슬라이드 2] 클릭   ▲ 2. [슬라이드 2] 드래그   ▲ 3. 슬라이드 순서 확인

❺ 완성된 파일은 [파일] 탭-[다른 이름으로 저장하기]를 클릭한 다음 [내 이름] 폴더에 '우주 발표회(완성)' 파일 이름으로 저장해요.

CHAPTER 07 미션! 뚝딱뚝딱!

📁 불러올 파일 : 개구리한살이.show   📁 완성된 파일 : 개구리한살이(완성).show

01 내 맘대로 사고력으로 문제해결능력 UP

- '개구리한살이.show' 파일을 열어보세요. 몇 개의 슬라이드가 있나요? (총   개)
- [서식] 탭-[테마] 그룹에서 [자세히(⌄)]-'나래' 테마로 적용하세요.
- [편집] 탭-[디자인 마당]-'활용 디자인5'를 선택하고 [슬라이드 4]로 순서를 변경합니다.
- [슬라이드 4]의 내용은 제목 : '개구리 한 살이', 내용 : '알', '올챙이', '개구리'로 작성합니다.

슬라이드 1

슬라이드 2

슬라이드 3

슬라이드 4

02 학습 게임으로 타자 실력 UP

혼자하는 타자 게임 또는 친구들과 대전 게임으로 승부를 겨루어 보아요.

▲ 혼자 게임

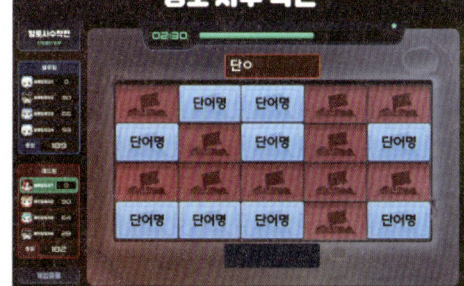

▲ 대전 게임

CHAPTER 08 내 맘대로 해결사 되기!

지난 세 개의 차시에서 배운 내용으로 스스로 해결해 볼까?

📘 불러올 파일 : 블랙홀.show   📗 완성된 파일 : 블랙홀(완성).show

오늘은 지난 세 개의 차시에서 배운 내용으로 하나의 작품을 만들어 볼거에요. 오른쪽 페이지를 참고해서 스스로 해결해 보고 어려운 부분은 손을 들어주세요.

완성 작품

슬라이드 1

슬라이드 2
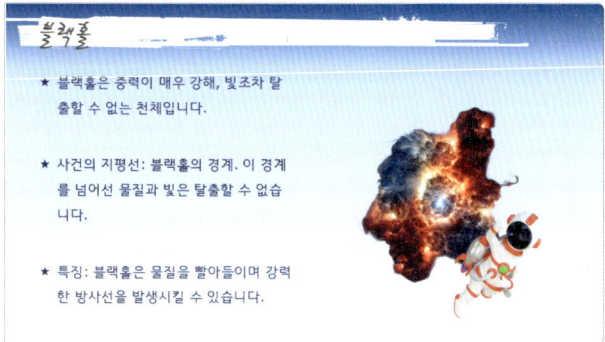

슬라이드 3
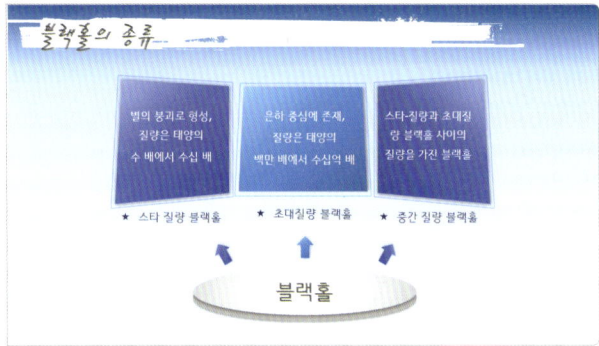

슬라이드 4
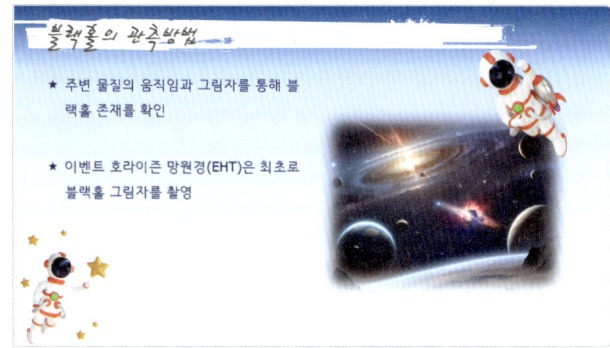

■ **이렇게 만들어 보아요.** (아래 지시사항과 힌트를 보면서 스스로 해결해 보아요.)

01 내 맘대로 사고력으로 문제해결능력 UP

오늘은 그동안 배웠던 테마 / 디자인 마당 / 애니메이션 기능을 활용해서 만들어보아요.

- [서식] 탭-[테마] 그룹에서 '하늘'로 변경하기
- [슬라이드 2]를 선택하고 [편집] 탭-[디자인 마당]-[활용 디자인5] 추가하기
- [슬라이드 3 : 활용 디자인5] 슬라이드에 내용 입력하기
  - 제목 : 블랙홀의 종류 / 내용 : [슬라이드 5]의 내용을 복사하여 [슬라이드 3]에 붙여넣기
- 각 슬라이드 텍스트 상자에 [애니메이션] 효과 적용하기
  - [슬라이드1] : 텍스트 1-밝기 변화, 텍스트 2-블라인드
  - [슬라이드2]~[슬라이드4] : 텍스트-올라오기

슬라이드 1

슬라이드 2
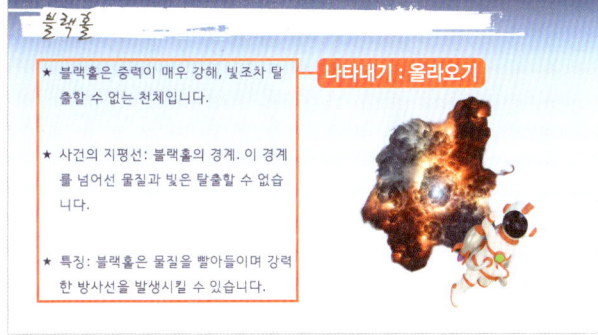

슬라이드 3
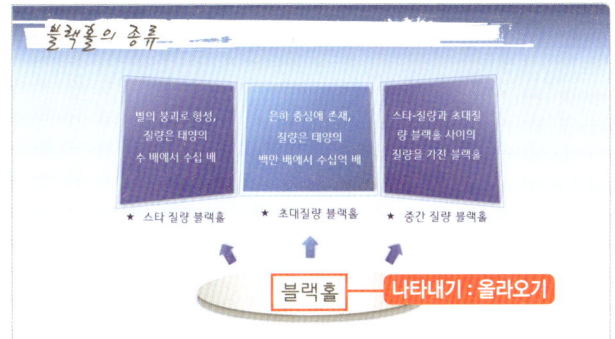

슬라이드 4
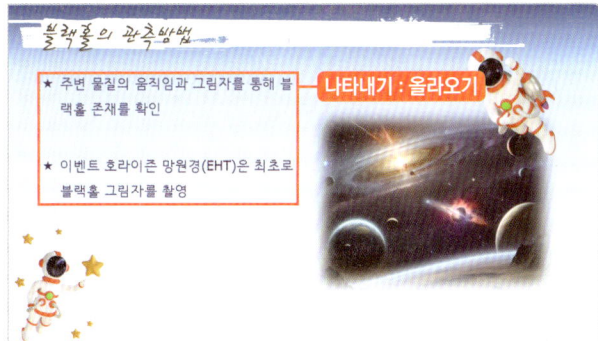

休 알아두면 좋은 컴퓨터 상식

CHAPTER 09 잠자는 뇌를 깨우는 5분 스트레칭

4분 K마블 타자연습으로 잠자는 손가락을 깨워요^^

평균 타수 :

연습하고 싶은 학습 게임을 선택해서 연습해 보아요.

1분 넌센스 퀴즈로 잠자는 뇌를 깨워요^^

다음 2개의 그림 중에서 5개의 틀린 그림을 찾아 동그라미(○)로 표시해 주세요.

CHAPTER 09 애니메이션으로 그림자 찾기

이런걸 배워요! ● 오늘은 사용자 지정 경로 애니메이션 효과를 적용하는 방법에 대해 배워요.

■ 불러올 파일 : 그림자 찾기.show   ■ 완성된 파일 : 그림자 찾기(완성).show

우와!
그림을 클릭하니까
자동으로 그림자를
따라서 이동해!

사용자 지정 경로
애니메이션은 사용자가
직접 마우스로 그린
경로를 따라서 그림이 움직이는
애니메이션 효과야~

01 도형 안에 텍스트 입력하기

❶ 한쇼를 실행한 다음 '그림자 찾기.show' 파일을 열고 슬라이드의 내용을 확인해 보세요.

❷ 흰색 사각형 도형을 클릭해서 차례대로 '우주선', '행성', '토성', '우주인'으로 입력하세요.

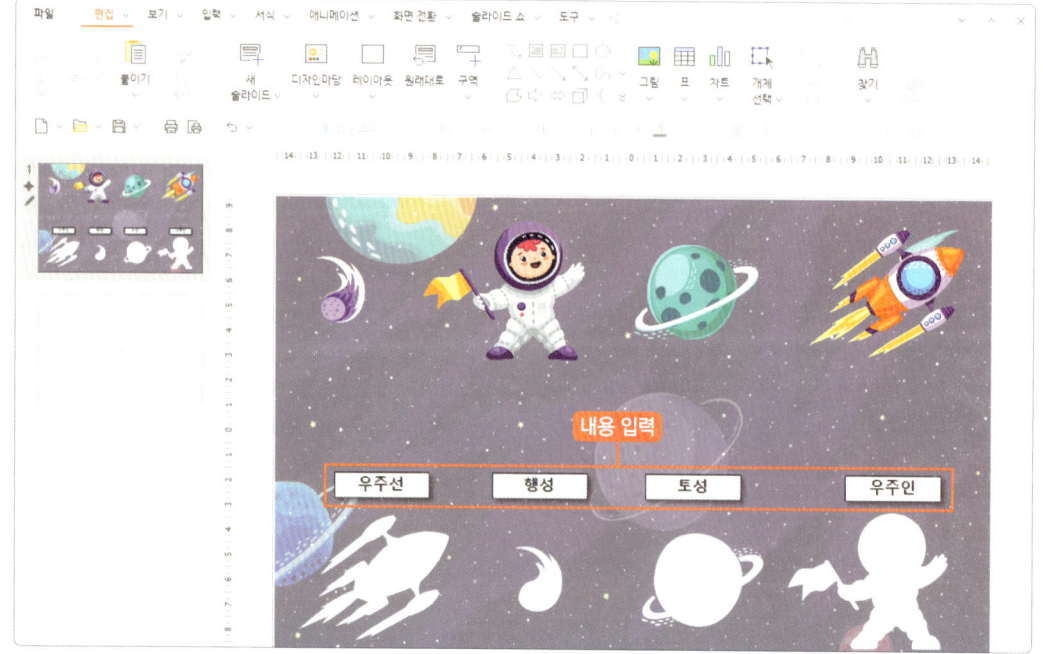

02 애니메이션 적용하기

❶ '행성' 그림을 클릭하고 [애니메이션] 탭-애니메이션 그룹에서 [자세히(⌄)]를 클릭하고 [이동 경로]-[자유 곡선] 애니메이션을 클릭해요.

❷ 마우스를 사용해서 '행성'을 먼저 클릭한 후, 드래그 하면서 '행성 그림자'까지 선을 그려주세요. 선 그리기가 완성되면 애니메이션을 확인해 주세요.

❸ '행성 그림자'의 위치를 정확하게 맞추기 위해 빨간색 화살표를 마우스로 클릭하여 드래그하면서 그림자에 위치를 맞춰주세요.

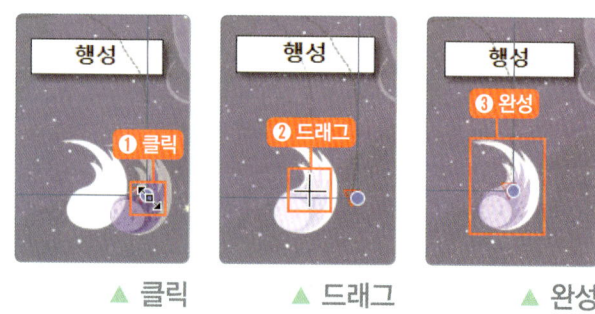

▲ 클릭　　▲ 드래그　　▲ 완성

❹ [애니메이션] 탭-[애니메이션 미리 보기]를 클릭하면 '행성'에 설정한 '자유 곡선( )' 애니메이션을 확인할 수 있어요.

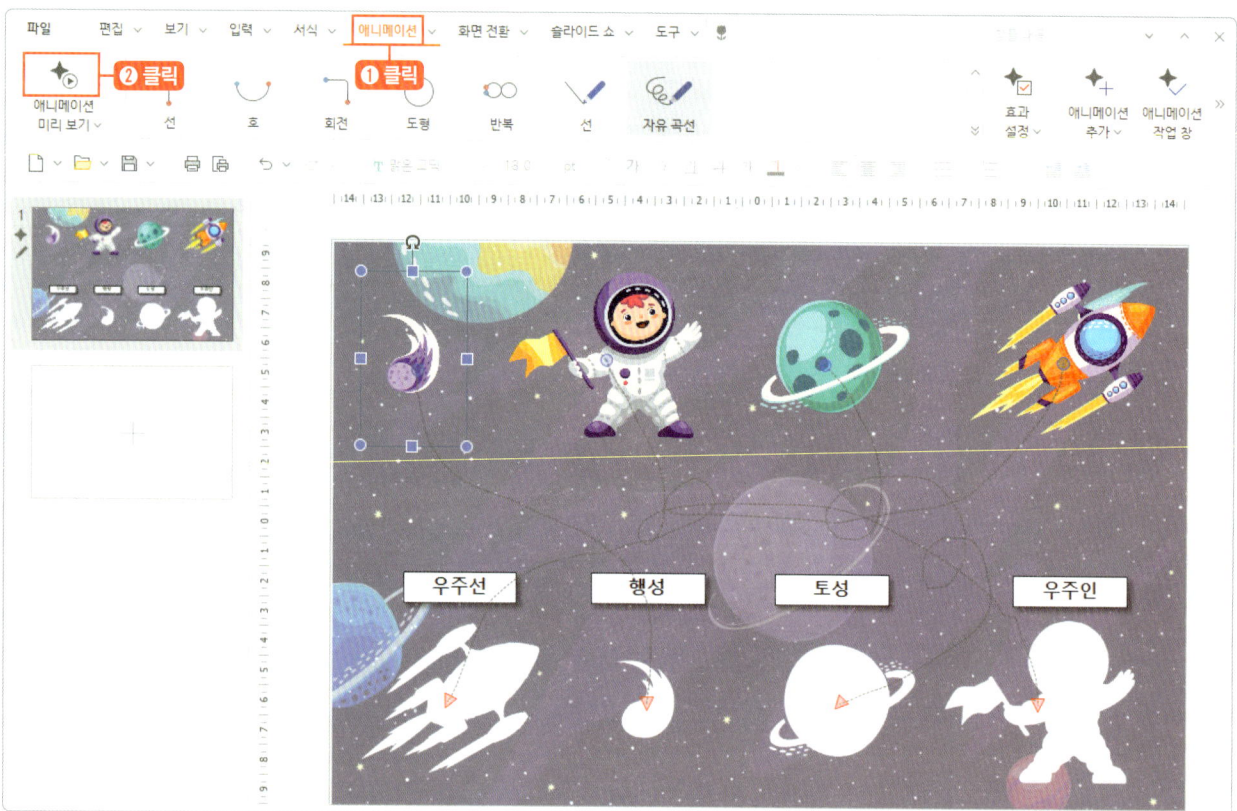

03 ▶ 애니메이션 실행 순서 변경하기

❶ '행성' 그림을 클릭했을 때 애니메이션이 실행되도록 변경하기 위해서 '행성' 그림을 클릭하고 [애니메이션] 탭-[애니메이션 작업 창]을 클릭해요.

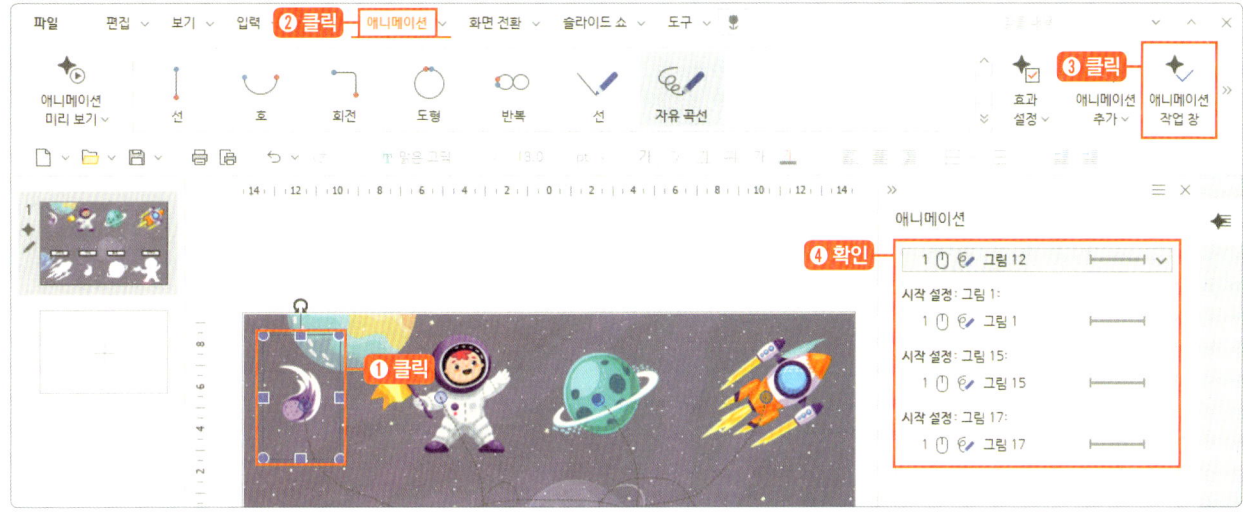

❷ [애니메이션] 창에서 '그림 12'의 자세히(˅) 버튼을 클릭하고 [타이밍] 메뉴를 클릭해요. 이어서, [애니메이션] 대화상자에서 [시작:마우스를 누를 때], [시작 설정:다음을 마우스로 누르면 효과 시작-'그림 12']로 설정하고 <확인> 단추를 클릭합니다.

※ '그림1', '그림15', '그림17'은 미리 설정이 되어있어요.

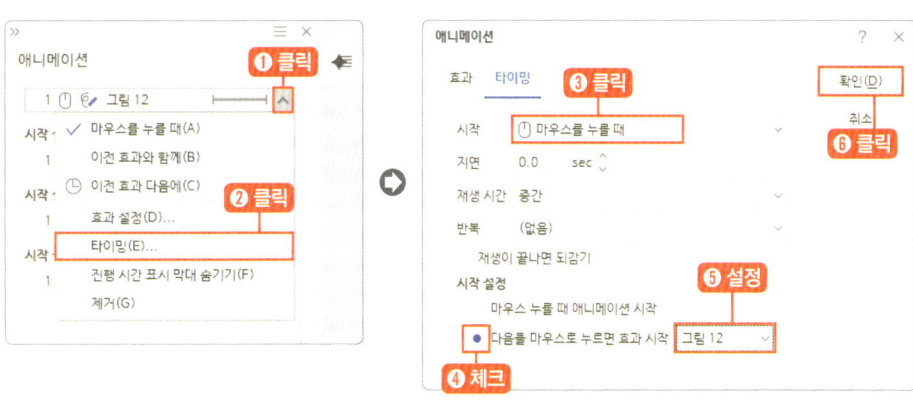

❸ [슬라이드 쇼] 탭-[처음부터] 메뉴를 클릭하면 큰 화면으로 슬라이드가 실행되면 '행성'부터 '우주선' 그림을 클릭해 보세요.

※ 마우스로 클릭한 그림 순서대로 그림자를 찾아갑니다.

❹ 완성된 파일은 [파일] 탭-[다른 이름으로 저장하기]를 클릭한 다음 [내 이름] 폴더에 '그림자 찾기(완성)' 파일 이름으로 저장하세요.

CHAPTER **09** 📁 불러올 파일 : 안전 표시.show 📁 완성된 파일 : 안전 표시(완성).show

미션! 뚝딱뚝딱!

01 내 맘대로 사고력으로 문제해결능력 UP

- '안전 표시.show' 파일을 열어보세요.
- 안전과 관련된 4개의 표지판을 보고 그림자와 연결해야 해요.
- 안전 표시 그림을 하나씩 클릭한 다음 [애니메이션] 탭-[이동 경로]-[자유 곡선] 메뉴를 사용하여 그림자와 연결해 주세요.
- 완성되었다면 키를 눌러서 슬라이드 쇼를 확인해 보세요.

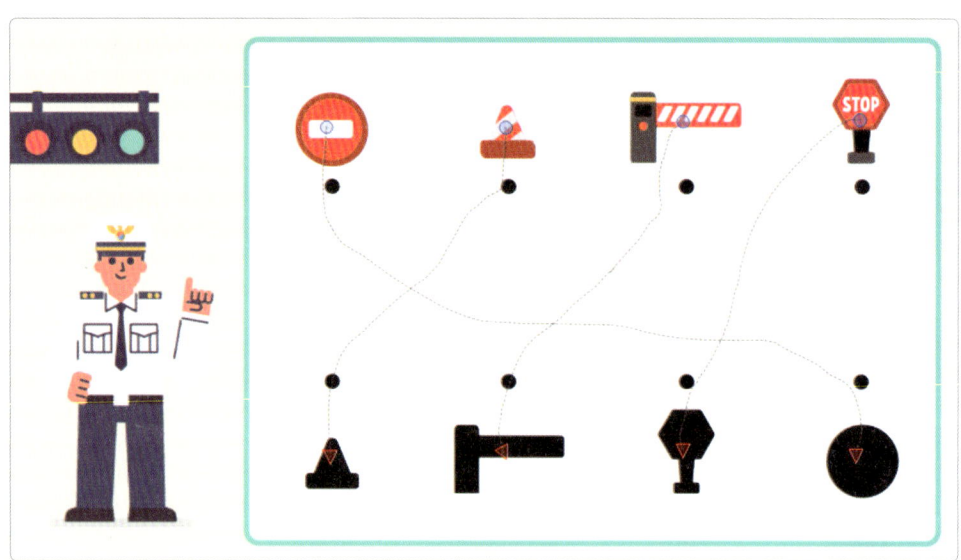

완성 예시

02 학습 게임으로 타자 실력 UP

혼자하는 타자 게임 또는 친구들과 대전 게임으로 승부를 겨루어 보아요.

▲ 혼자 게임

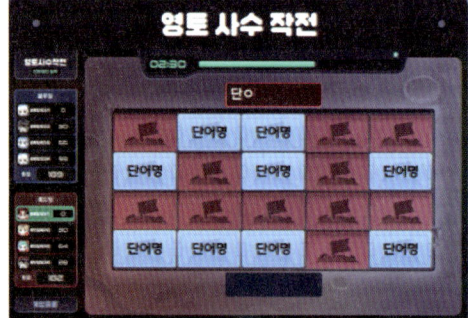
▲ 대전 게임

CHAPTER 10 잠자는 뇌를 깨우는 5분 스트레칭

4분 K마블 타자연습으로 잠자는 손가락을 깨워요^^

평균 타수 :

연습하고 싶은 학습 게임을 선택해서 연습해 보아요.

1분 넌센스 퀴즈로 잠자는 뇌를 깨워요^^

우리가 살고 있는 지구에 관련해서 퀴즈를 풀어보아요.

문제 1 지구는 어떤 모양일까요? ① 네모 모양 ② 동그란 모양 ③ 세모 모양

문제 2 지구의 하늘을 덮고 있는 것은 무엇일까요? ① 구름 ② 바다 ③ 공기

문제 3 지구에는 물이 있을까요? ① 네, 있어요 ② 아니요 ③ 없어요

CHAPTER 10 신비로운 태양계 탐험

이런걸 배워요!
- 오늘은 비디오를 삽입하고 비디오 옵션을 변경해요.

📘 불러올 파일 : 태양계 탐험.show   📗 완성된 파일 : 태양계 탐험(완성).show

우주에 있는 행성들이 움직이고 있어!

그건 움직이는 동영상을 삽입해서 그래 동영상을 삽입하고 자동 실행되도록 변경해보자.

01 슬라이드에 동영상 삽입하기

① 한쇼를 실행한 다음 '태양계 탐험.show' 파일을 열고 슬라이드의 내용을 확인해 보세요.

② 슬라이드에 동영상을 삽입해 볼게요. 먼저 [입력] 탭-[동영상(동영상)]-[동영상]을 클릭해요.

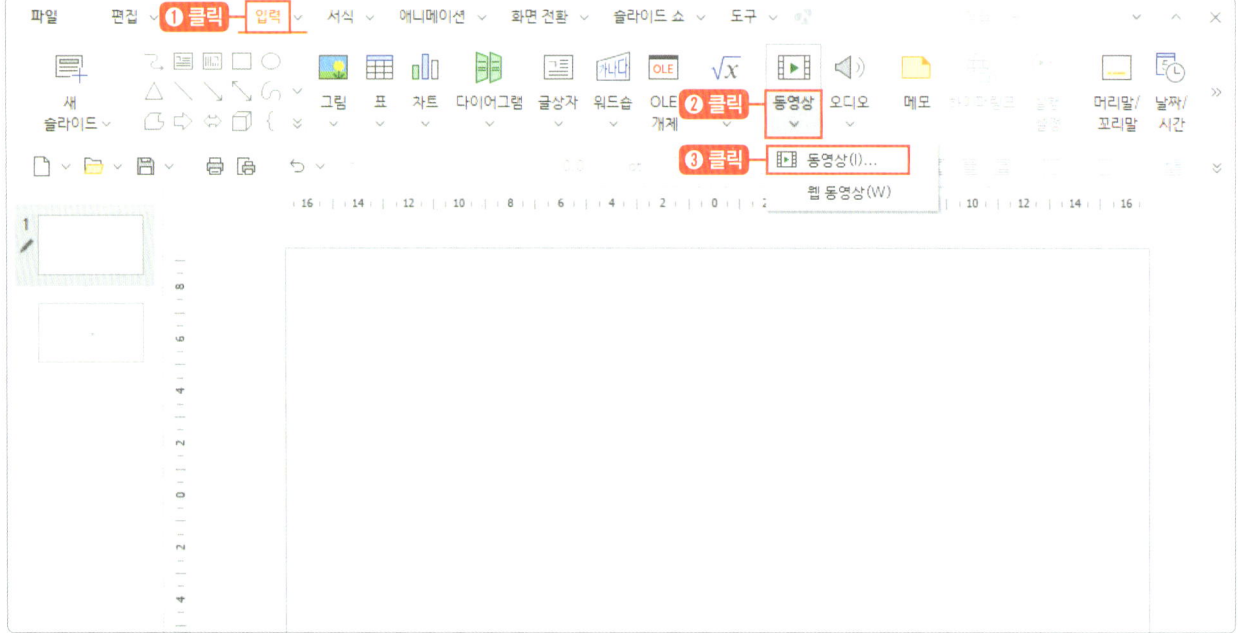

❸ [불러올 파일]-[Chapter 10] 폴더에서 '우주 배경.mp4' 파일을 선택하고, <열기> 단추를 클릭하세요.

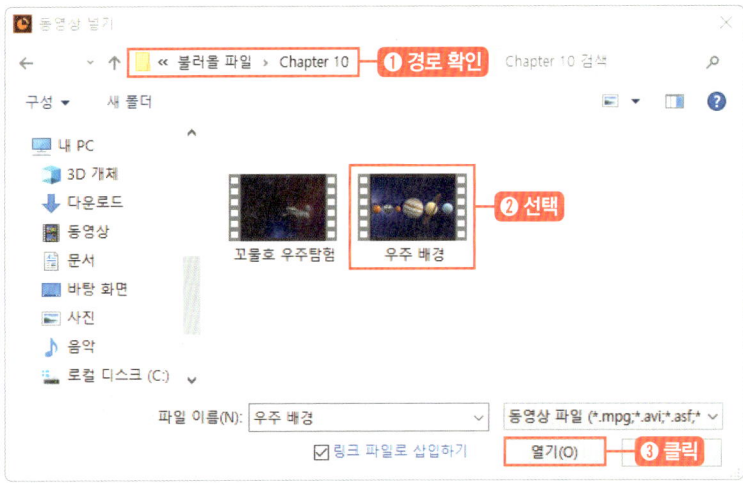

❹ 삽입된 비디오를 클릭하고 [미디어] 탭-[시작 : 자동 실행]으로 변경하고 [반복 재생]에 체크해 주세요.

※ [미디어] 탭에서 [시작 : 자동 실행]으로 설정하면 슬라이드 쇼가 시작되었을 때 비디오가 바로 재생되고 [반복 재생]에 체크하면 비디오 재생이 끝나면 처음부터 다시 반복적으로 재생해요.

02 워드숍으로 제목 설정하기

❶ [입력] 탭-[워드숍(가나다)]을 클릭하고 '윤곽-강조4, 그림자' 스타일을 클릭해요.

❷ 텍스트 상자의 내용은 '신비로운 태양계 탐험'이라고 입력하고, '글꼴(휴먼매직체)'와 '글꼴 크기(80)'으로 설정해 보세요. 제목의 위치는 그림과 같이 이동해주세요.

03 제목에 애니메이션 효과 적용하기

❶ '신비로운 태양계 탐험' 텍스트 상자를 선택하고 [애니메이션] 탭-[나타내기 : 날아오기( )]를 클릭해요. 이어서, [효과 설정]에서 방향은 '아래로' 설정하고 [타이밍] 그룹에서 [시작:이전 효과와 함께]로 설정해요.

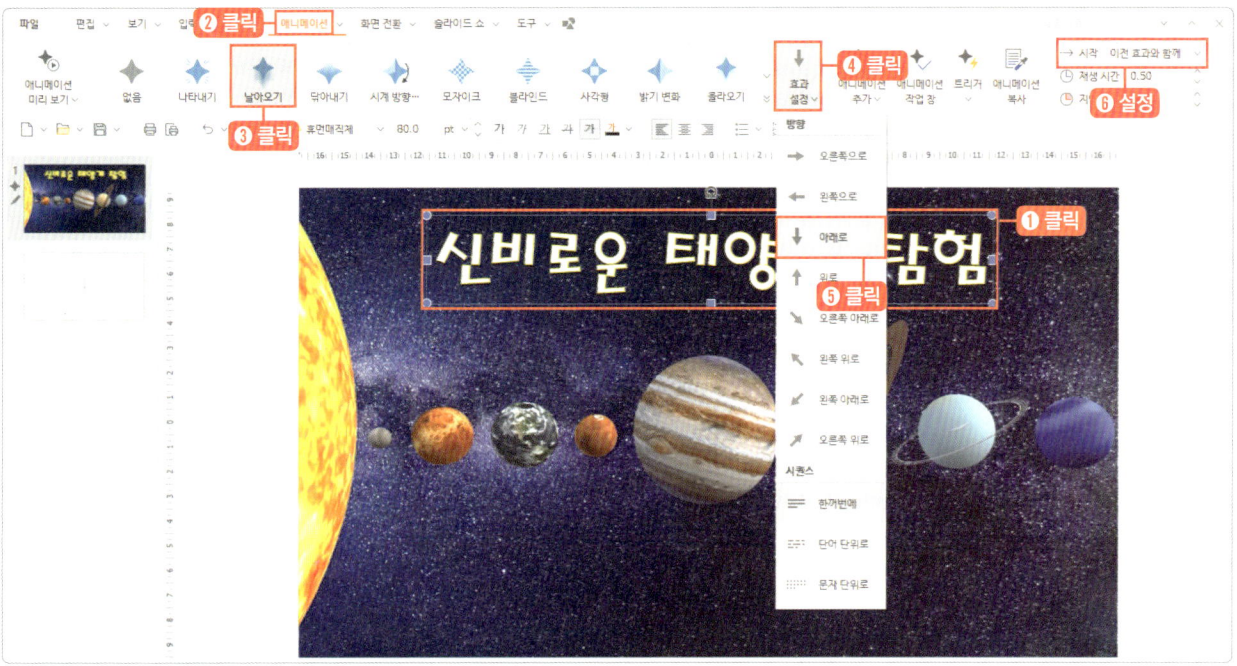

❷ [슬라이드 쇼] 탭-[처음부터]를 클릭하고, 비디오와 애니메이션을 확인해 보세요.

※ 처음부터 슬라이드 쇼 시작 단축키는 F5 키를 눌러보세요.

❸ 완성된 파일은 [파일] 탭-[다른 이름으로 저장하기]를 클릭한 다음 [내 이름] 폴더에 '태양계 탐험(완성)' 파일 이름으로 저장하세요.

CHAPTER 10 : 미션! 뚝딱뚝딱!

📁 불러올 파일 : 우주여행.show   📁 완성된 파일 : 우주여행(완성).show

01 내 맘대로 사고력으로 문제해결능력 UP

- '우주여행.show' 파일을 열어보세요.
- [불러올 파일]-[Chapter 10] 폴더에서 '꼬물호 우주탐험.mp4' 비디오를 삽입해요.
  - 슬라이드 쇼를 시작할 때 비디오가 자동 실행, 반복 재생 되도록 설정해요.
- [입력] 탭-[워드숍]을 클릭하고 '윤곽-강조4, 반사-근접(1/2크기), 네온' 스타일을 클릭해요.
  - 워드숍에는 [애니메이션] 탭에서 [올라오기]와 [시작 : 이전 효과와 함께] 클릭해요.
- 슬라이드가 완성되었다면 F5 키를 눌러서 슬라이드 쇼를 확인해 보세요.

완성 예시 / ❷ 워드숍 삽입 / ❶ 비디오 삽입

02 학습 게임으로 타자 실력 UP

혼자하는 타자 게임 또는 친구들과 대전 게임으로 승부를 겨루어 보아요.

▲ 혼자 게임

▲ 대전 게임

CHAPTER 11 잠자는 뇌를 깨우는 5분 스트레칭

4분 K마블 타자연습으로 잠자는 손가락을 깨워요^^   평균 타수:

연습하고 싶은 학습 게임을 선택해서 연습해 보아요.

1분 넌센스 퀴즈로 잠자는 뇌를 깨워요^^

5개의 물건을 보고 알맞은 그림자와 연결될 수 있도록 선으로 그어주세요.

    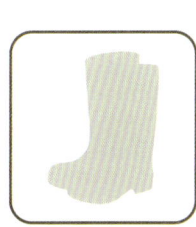

CHAPTER 11 별과 행성의 차이

이런 걸 배워요!
- 오늘은 문단 정렬을 적용해 텍스트 상자를 편집하는 방법과 번역 기능을 적용해 한글을 영문으로 바꾸는 방법에 대해 배워요.

📘 불러올 파일 : 별과 행성의 차이.show   📗 완성된 파일 : 별과 행성의 차이(완성).show

이렇게 만드려면 시간이 많이 걸리겠지..

걱정마!
문단 정렬, 번역, 테마 기능을 적용하면 빠르게 작성할 수 있어!

01 텍스트 상자의 문단 들여쓰기 적용하기

① 한쇼를 실행한 다음 '별과 행성의 차이.show' 파일을 열고 슬라이드의 내용을 확인해 보세요.

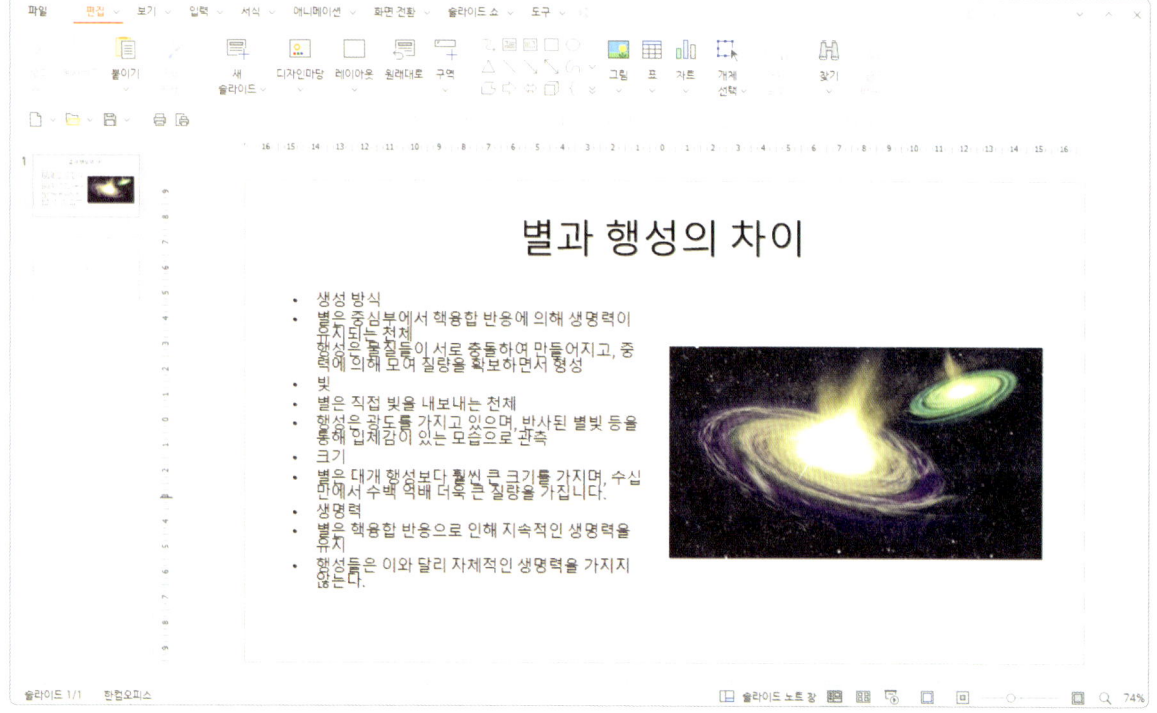

❷ 문단의 들여쓰기 수준을 높이기 위해 내용의 2~10번의 문단을 선택한 후, [서식] 탭-[문단 오른쪽 이동(➡)]을 클릭해요.

※ 문단은 Enter 키를 누른 곳에서부터 다음 Enter 키를 누른 곳까지의 내용을 말해요.

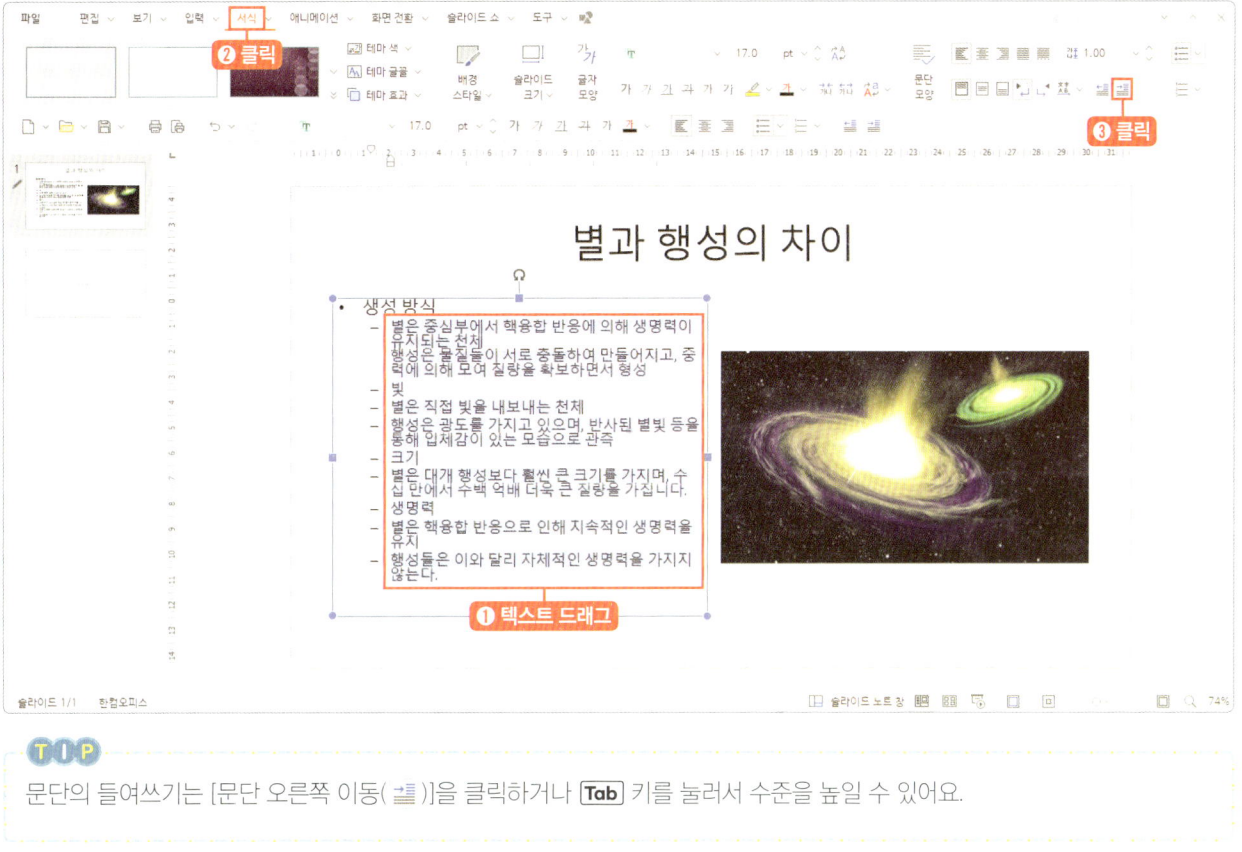

TIP 문단의 들여쓰기는 [문단 오른쪽 이동(➡)]을 클릭하거나 Tab 키를 눌러서 수준을 높일 수 있어요.

❸ 이번에 문단의 들여쓰기 수준을 낮추기 위해 3번 문단인 '빛'을 선택하고, [서식] 탭-[문단 왼쪽 이동(⬅)]을 클릭해요. 같은 방법으로 문단 6번(크기)과 문단 8번(생명력)에도 적용해요.

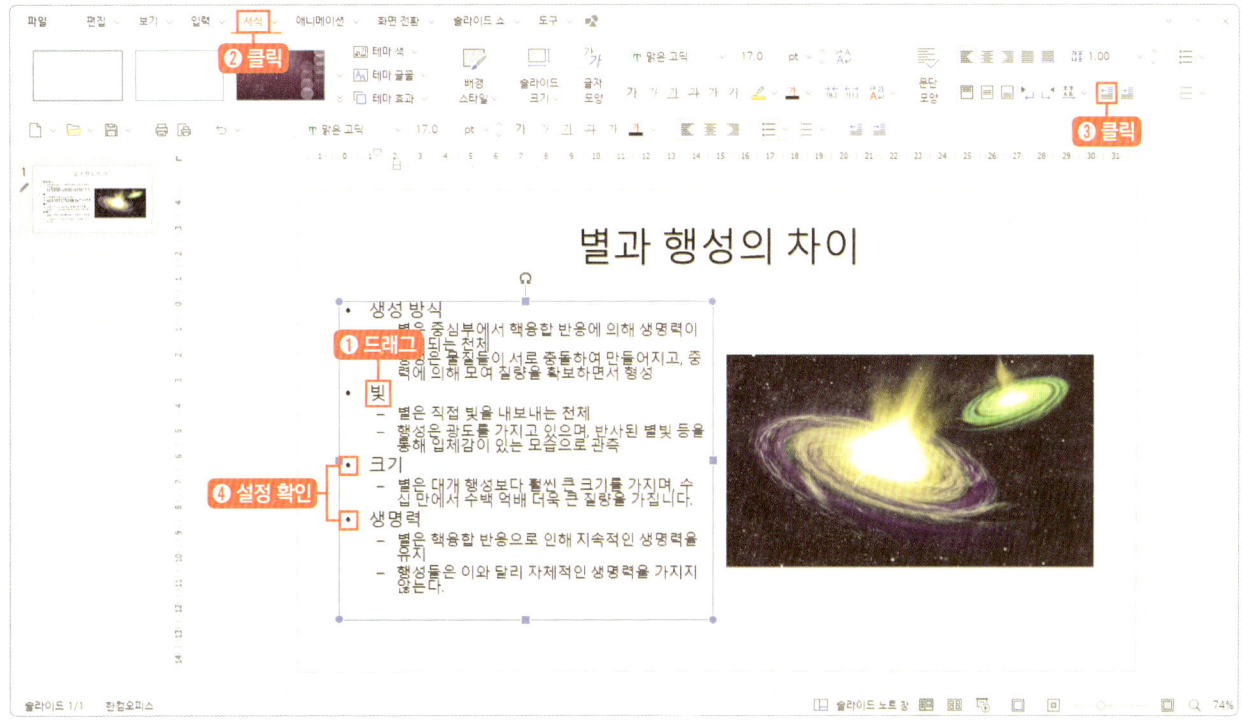

02 텍스트 상자의 문단 사이의 간격 지정하기

❶ 문단 사이의 간격을 조정하기 위해 1번 문단을 선택한 후, [서식] 탭–[문단 모양]을 클릭해요.

❷ [글자/문단 모양] 대화 상자에서 [문단 모양] 탭의 문단 위(15pt)와 문단 아래(5pt)를 입력 후, <설정> 단추를 클릭해요.

※ 빛, 크기, 생명력 문단에도 각각 문단 위(15pt)와 문단 아래(5pt)로 설정합니다.

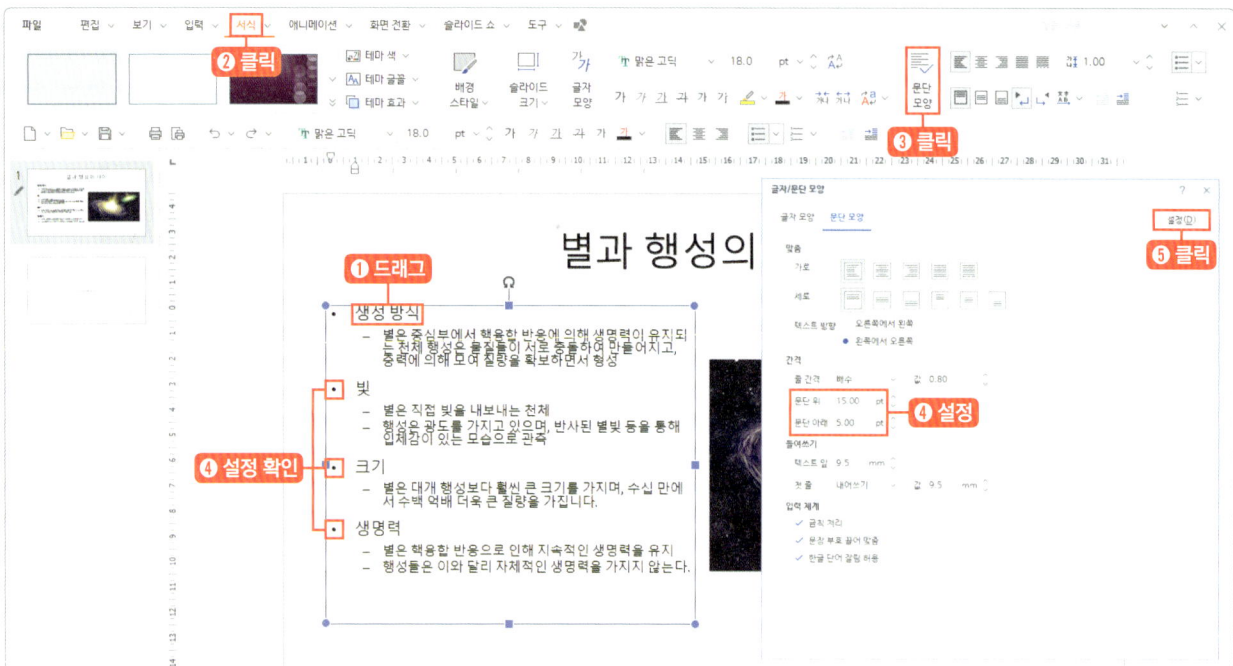

03 글자 번역하기

❶ [슬라이드 1]에서 마우스 오른쪽 단추를 클릭한 다음 [선택한 슬라이드 복제]를 클릭해요.

❷ 복제된 [슬라이드 2]를 클릭하고 [도구] 탭–[번역]–'슬라이드 번역'을 클릭해요.

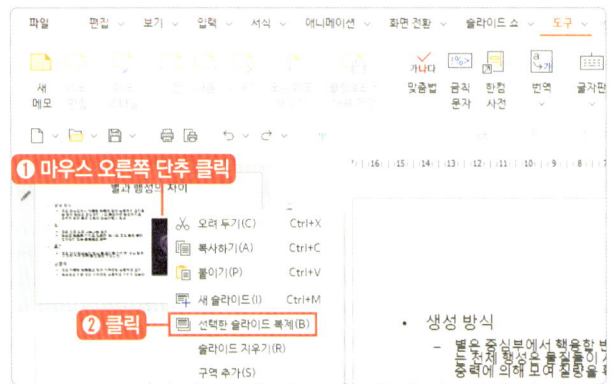
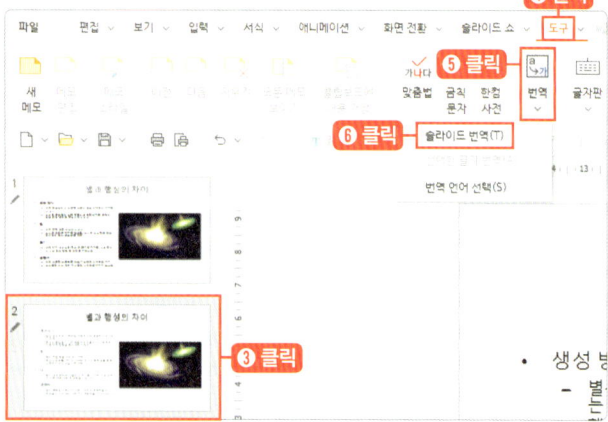

❸ 다음과 같이 번역 대화상자가 표시되면 [번역] 단추를 클릭해요.

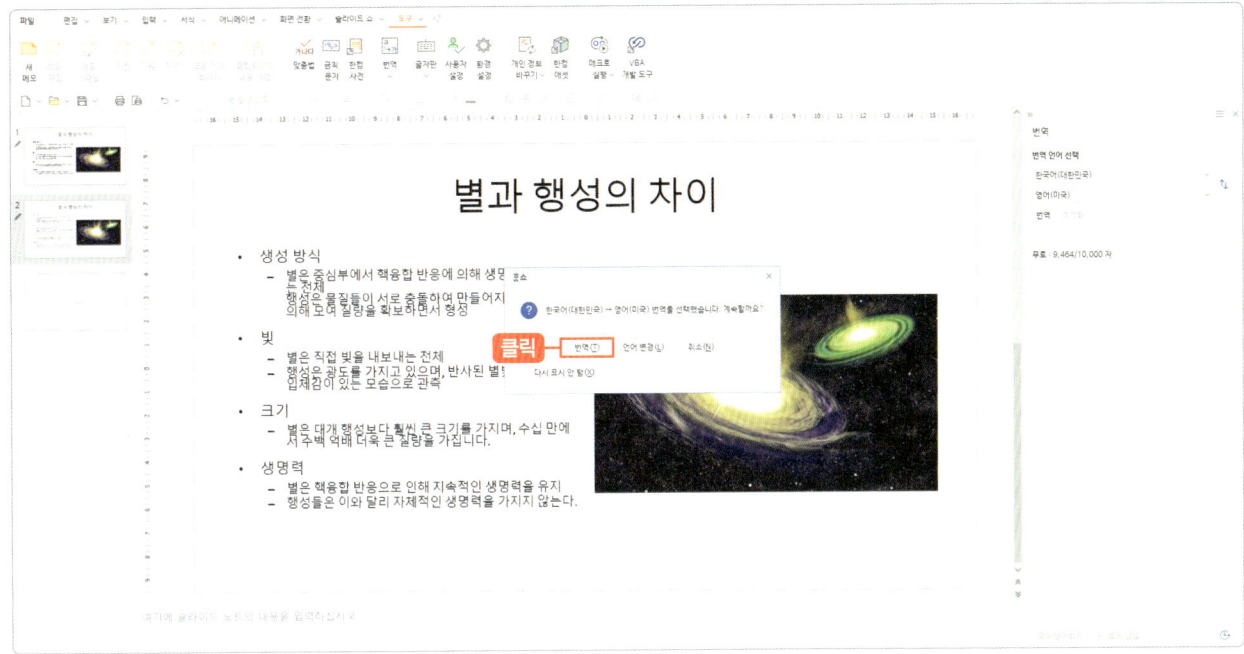

❹ [번역] 창에서 번역된 내용을 확인하고 <모두 덮어쓰기> 단추를 클릭하면 슬라이드의 내용이 모두 '영어'로 변경되는지 확인해요.

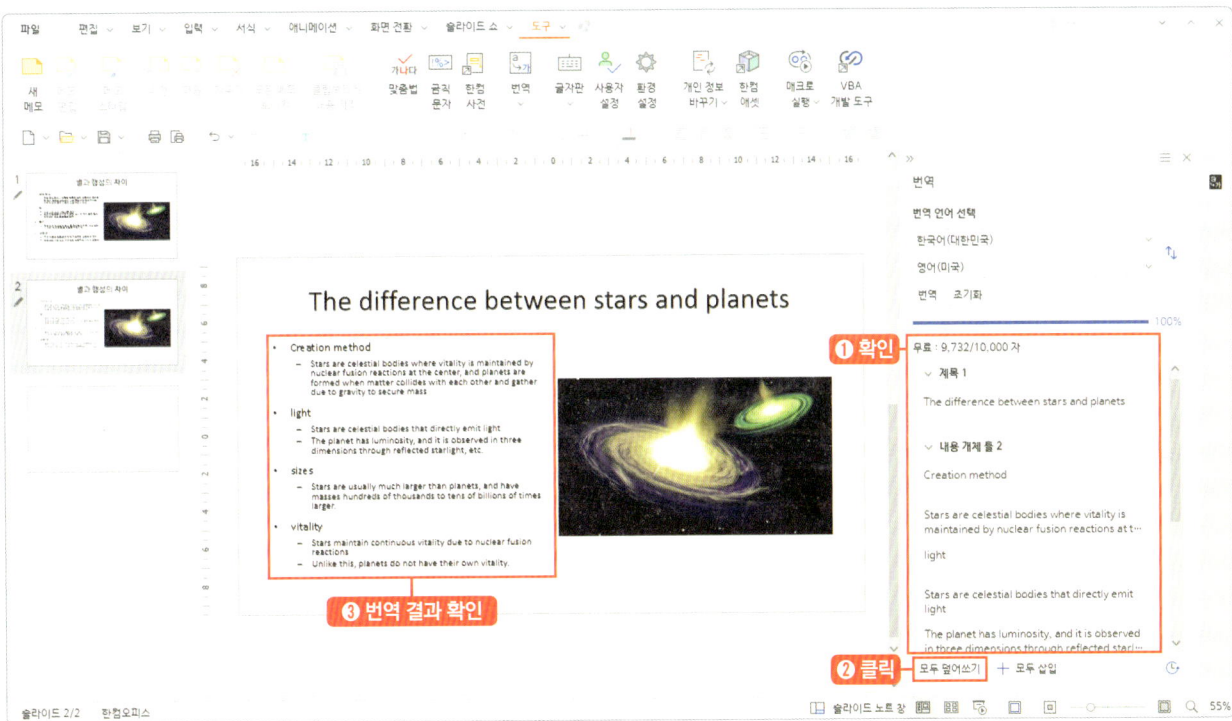

❺ [서식] 탭-[테마] 그룹에서 [자세히(⌵)]-[상승]을 클릭하고 변경된 디자인을 확인해 보세요

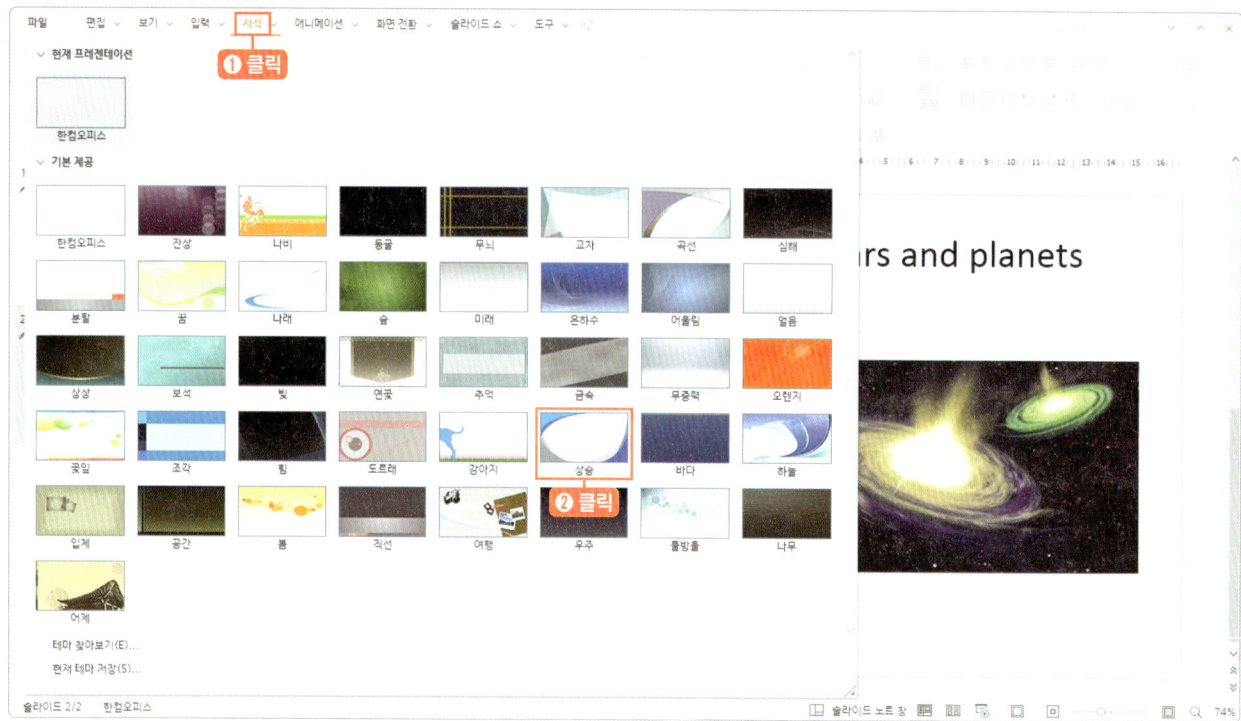

❻ 완성된 파일은 [파일] 탭-[다른 이름으로 저장하기]를 클릭한 다음 [내 이름] 폴더에 '별과 행성의 차이(완성)' 파일 이름으로 저장해요.

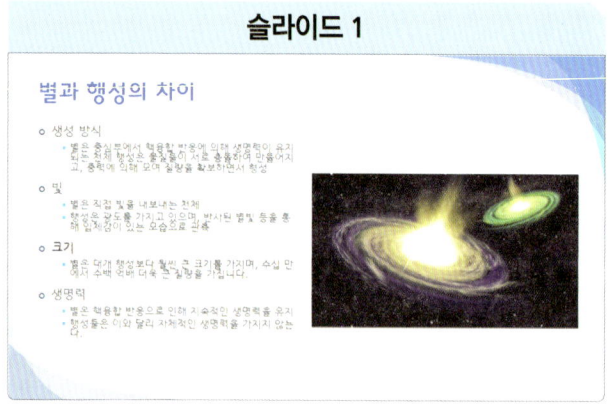

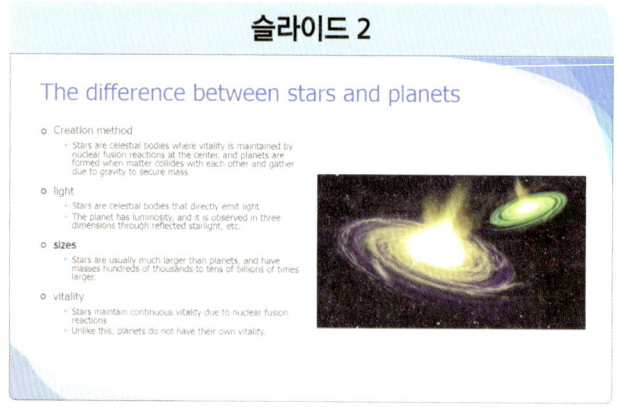

CHAPTER 11 ▶ 미션! 뚝딱뚝딱!

■ 불러올 파일 : 컴퓨터 구성.show   ■ 완성된 파일 : 컴퓨터 구성(완성).show

01 내 맘대로 사고력으로 문제해결능력 UP

- '컴퓨터 구성.show' 파일을 열어보세요.
- 텍스트 상자에서 2~7번의 문단을 선택하고 [서식] 탭-[문단 오른쪽 이동(▤)]을 클릭하고, 4번 문단을 선택 후, [문단 왼쪽 이동(▤)]을 클릭해요.
- 1번과 4번 문단을 각각 선택한 다음 문단 위(20)와 문단 아래(5)로 설정해요.
- [슬라이드 1]을 복제한 다음 [슬라이드 2]의 전체 내용을 '영어(미국)'로 변경해요.
- 슬라이드 전체의 테마는 '어울림'으로 설정해요.

슬라이드 1   슬라이드 2

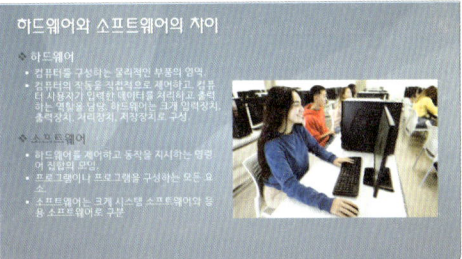   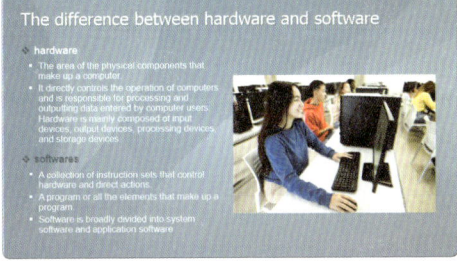

02 학습 게임으로 타자 실력 UP

혼자하는 타자 게임 또는 친구들과 대전 게임으로 승부를 겨루어 보아요.

   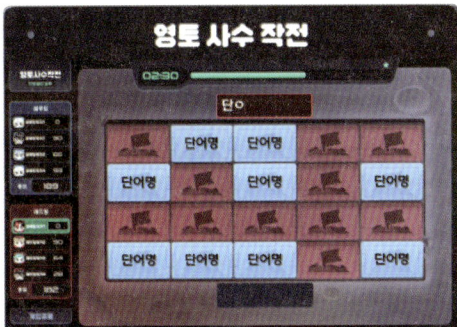

▲ 혼자 게임   ▲ 대전 게임

CHAPTER 12 - 내 맘대로 해결사 되기!

지난 세 개의 차시에서 배운 내용으로 스스로 해결해 볼까?

📁 불러올 파일 : 우주로 떠나요.show   📁 완성된 파일 : 우주로 떠나요(완성).show

오늘은 지난 세 개의 차시에서 배운 내용으로 하나의 작품을 만들어 볼거에요. 오른쪽 페이지를 참고해서 스스로 해결해 보고 어려운 부분은 손을 들어주세요.

완성 작품

슬라이드 1

슬라이드 2

슬라이드 3

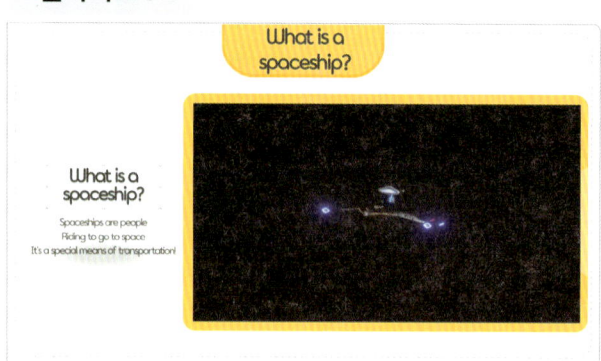

슬라이드 4

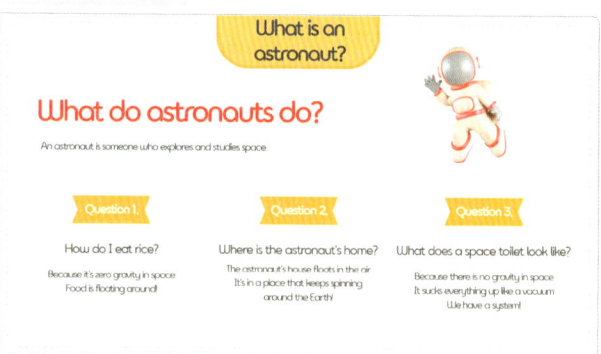

■ **이렇게 만들어 보아요.** (아래 지시사항과 힌트를 보면서 스스로 해결해 보아요.)

01 내 맘대로 사고력으로 문제해결능력 UP

오늘은 그동안 배웠던 번역 / 비디오 삽입 / 애니메이션 기능을 활용해서 만들어보아요.

- [슬라이드 1]~[슬라이드 4]의 모든 내용을 '영어(미국)'으로 번역하기
- [슬라이드 3]에 '우주선.mp4' 비디오 파일을 삽입하고 '자동 재생'과 '반복 재생'으로 설정하기
- [슬라이드 1]~[슬라이드 4] 텍스트 상자에 [애니메이션] 효과 적용하기
  - [슬라이드1] : 텍스트-확대/축소
  - [슬라이드2]~[슬라이드4] : 텍스트-밝기 변화

슬라이드 1

슬라이드 2

슬라이드 3

슬라이드 4

休 알아두면 좋은 컴퓨터 상식

CHAPTER 13 잠자는 뇌를 깨우는 5분 스트레칭

4분 K마블 타자연습으로 잠자는 손가락을 깨워요^^

평균 타수 :

연습하고 싶은 학습 게임을 선택해서 연습해 보아요.

1분 넌센스 퀴즈로 잠자는 뇌를 깨워요^^

왼쪽 그림과 똑같은 위치로 오른쪽에 그려보세요.

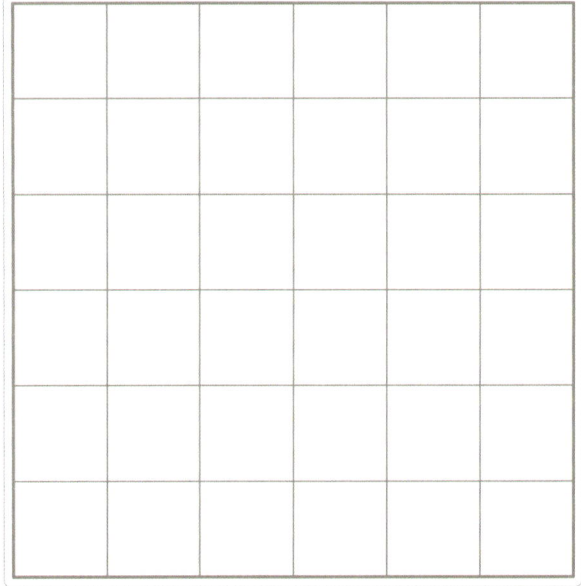

CHAPTER 13 지구에 낮과 밤이 있는 이유

이런걸 배워요! ● 오늘은 도형을 삽입하고 여러 개의 도형을 병합하는 방법에 대해 배워요.

■ 불러올 파일 : 낮과 밤.show   ■ 완성된 파일 : 낮과 밤_완성.show

도형으로 낮과 밤을 표현할 수 있을까?

개체 묶기 기능을 사용하면 타원 도형 여러 개를 만들어서 구름을 표현할 수 있어!

01 슬라이드 쇼 확인하기

❶ 한쇼를 실행한 다음 '낮과 밤.show' 파일을 열고 [슬라이드 쇼] 탭-[처음부터] 메뉴를 클릭해서 슬라이드의 내용을 확인해 보세요.

※ 슬라이드 쇼 시작 단축키 : F5 / 슬라이드 쇼 종료 단축키 : ESC

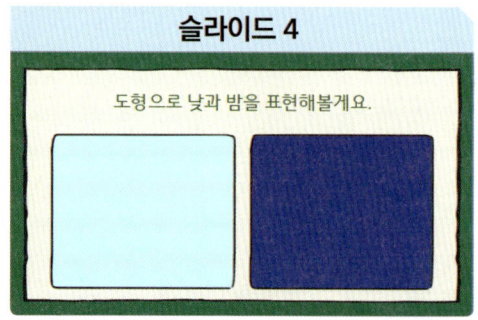

도형으로 낮 표현하기

❶ [슬라이드 4]를 클릭하고, [입력] 탭-[도형] 메뉴에서 [기본 도형]-[해()] 도형과 [타원(○)] 도형을 사용해서 그림과 같이 그려보세요.

※ 도형을 그릴 때 Shift 키를 누르면 가로/세로 비율이 똑같은 정도형으로 그려져요.

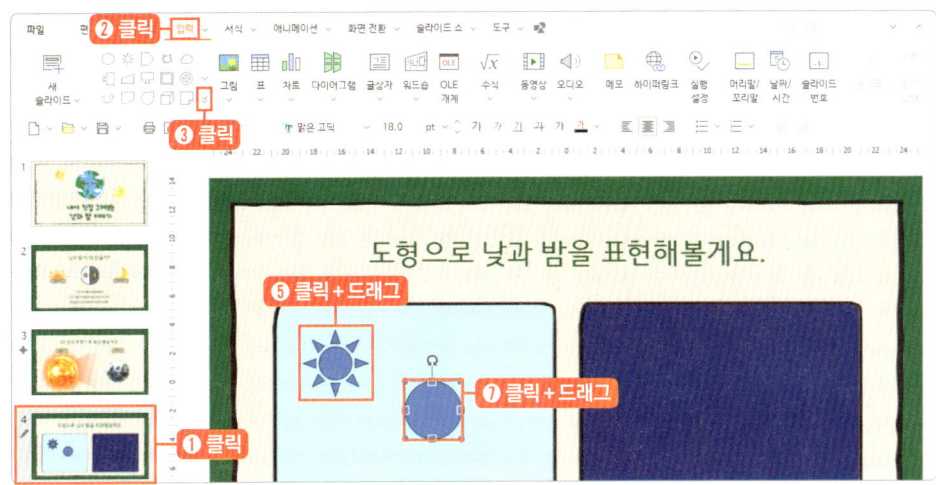

❷ [타원(○)] 도형을 먼저 클릭하고 Ctrl + 드래그하여 총 5개의 원으로 만들어 주세요.

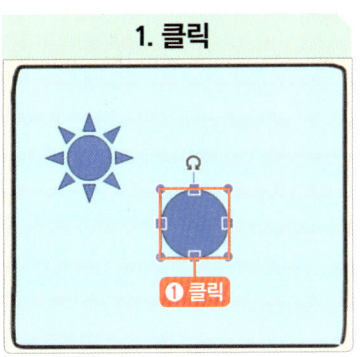 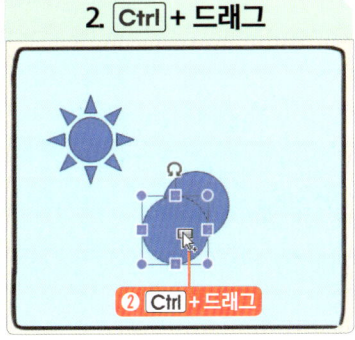 

❸ Shfit 키를 누르면서 5개의 원을 모두 선택하고 [도형] 탭-[그룹]-[개체 묶기]를 클릭하면 구름이 완성되었어요.

※ Ctrl + G 를 이용하여 개체 묶기를 할 수도 있어요.

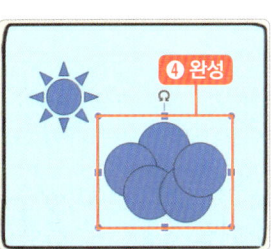

03 도형으로 밤 표현하기

① [입력] 탭-[도형] 메뉴에서 [기본 도형]-[달(☾)] 도형을 사용해서 달을 그려보세요.

 ※ 도형의 노란 조절점을 이용하면 도형의 모양을 변형할 수 있어요.

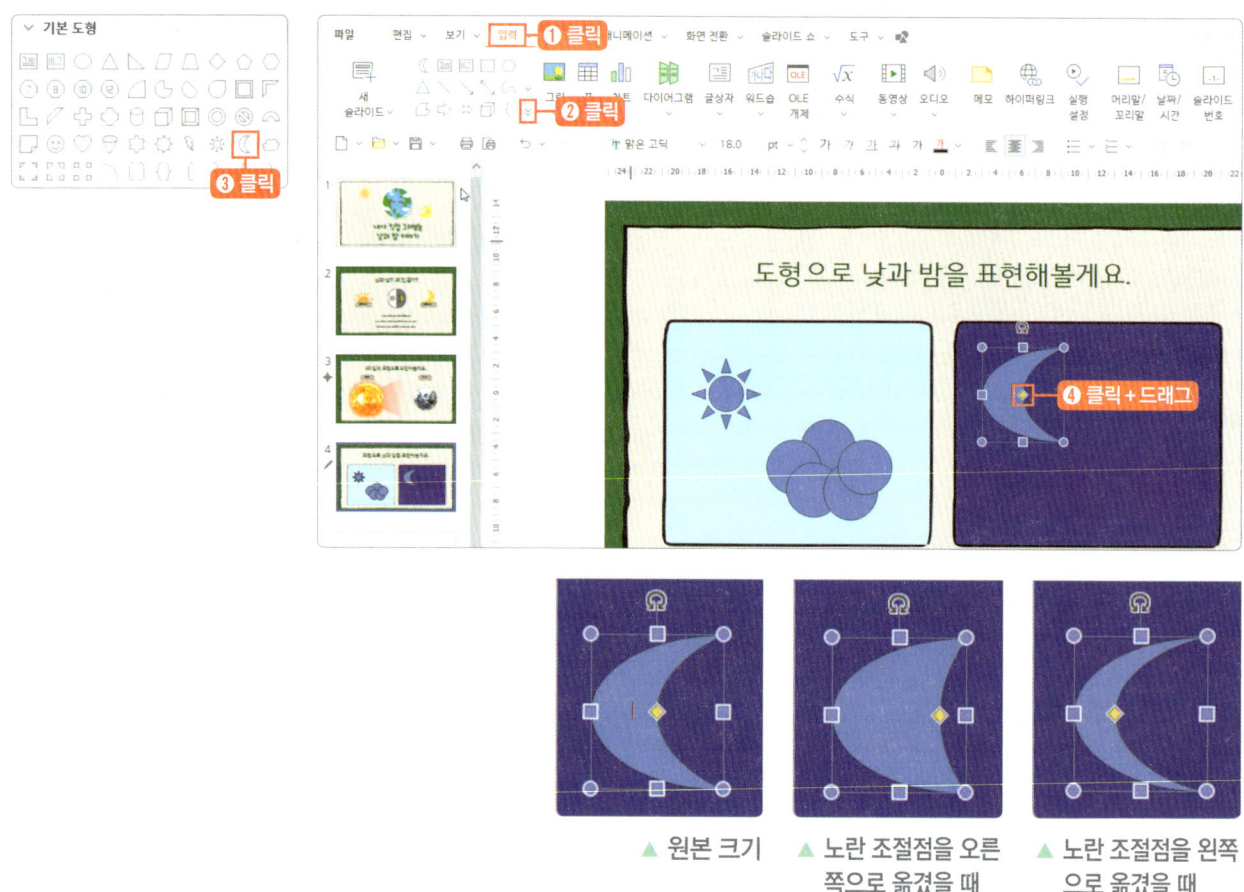

▲ 원본 크기   ▲ 노란 조절점을 오른쪽으로 옮겼을 때   ▲ 노란 조절점을 왼쪽으로 옮겼을 때

② [입력] 탭-[도형] 메뉴에서 [별 및 현수막]-[포인트가 다섯 개 인 별(☆)] 도형을 사용해서 밤 하늘을 꾸며보세요.

04 알록달록 낮과 밤 도형 꾸미기

❶ 지금까지 그렸던 도형을 Shfit + 클릭으로 모두 선택하고 [도형] 탭-[도형 윤곽선]-[없음]을 선택해서 도형의 선을 없애보세요.

❷ 도형을 선택하고 [도형] 탭-[도형 채우기]를 사용해서 낮과 밤을 표현해 보세요.

❸ 완성된 파일은 [파일] 탭-[다른 이름으로 저장하기]를 클릭한 다음 [내 이름] 폴더에 '낮과 밤(완성)' 파일 이름으로 저장하세요.

CHAPTER 13 · 미션! 뚝딱뚝딱!

📁 불러올 파일 : 로고.show 📁 완성된 파일 : 로고(완성).show

01 내 맘대로 사고력으로 문제해결능력 UP

- '로고.show' 파일을 열어보세요.
- 모서리가 둥근 직사각형(□)도형과 타원(○) 도형을 사용하여 포크와 수저 모양을 만들어주세요.
- 여러 개의 도형을 동시에 선택할 때는 Shift 키를 누르면서 선택해요.
- [도형] 탭-[그룹]-[개체 묶기]를 클릭하면 포크와 수저 모양을 만들 수 있어요.

완성 예시

02 학습 게임으로 타자 실력 UP

혼자하는 타자 게임 또는 친구들과 대전 게임으로 승부를 겨루어 보아요.

▲ 혼자 게임

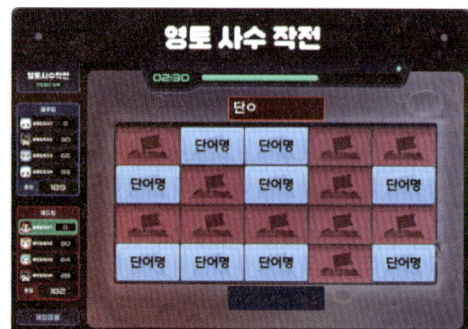
▲ 대전 게임

CHAPTER 14 잠자는 뇌를 깨우는 5분 스트레칭

4분 K마블 타자연습으로 잠자는 손가락을 깨워요^^

평균 타수 :

연습하고 싶은 학습 게임을 선택해서 연습해 보아요.

1분 넌센스 퀴즈로 잠자는 뇌를 깨워요^^

1번부터 26번까지 순서대로 선을 이어주세요~ 강아지가 완성되었나요?

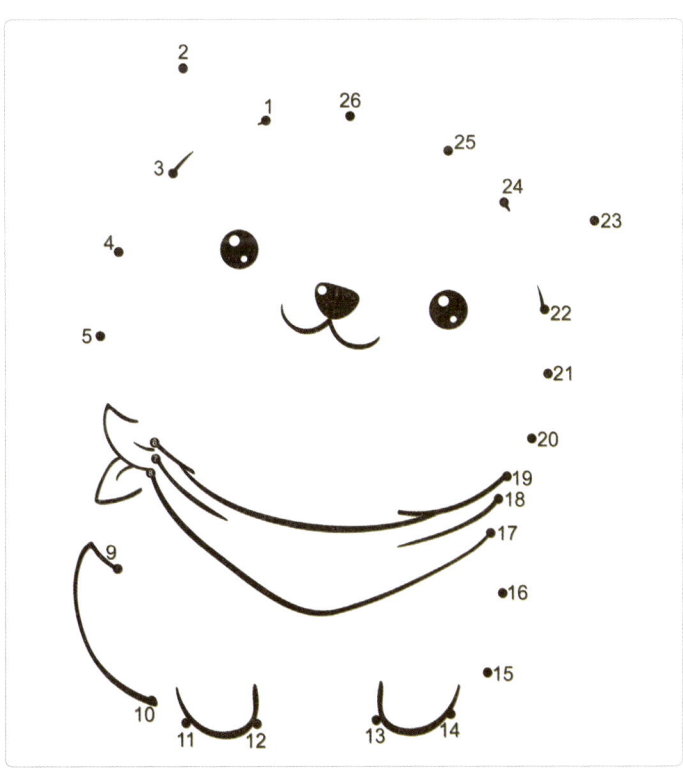

CHAPTER 14 반짝 반짝 별자리 이야기

이런걸 배워요!
- 오늘은 표의 스타일을 변경하는 방법에 대해 배워요.

■ 불러올 파일 : 별자리 이야기.show   ■ 완성된 파일 : 별자리 이야기(완성).show

표와 사진이 예쁘게 꾸며져있네?

표 서식 기능을 사용하면 표를 예쁘게 표현할 수 있어

01 슬라이드 쇼 확인하기

❶ 한쇼를 실행한 다음 '별자리 이야기.show' 파일을 열고 [슬라이드 쇼] 탭-[처음부터] 메뉴를 클릭해서 슬라이드의 내용을 확인해 보세요.

※ 슬라이드 쇼 시작 단축키 : F5 / 슬라이드 쇼 종료 단축키 : ESC

02 표 내용 입력하기

❶ [슬라이드 2]를 클릭하고, 표 빈칸에 차례대로 '봄', '여름', '가을', '겨울'이라고 입력하세요.

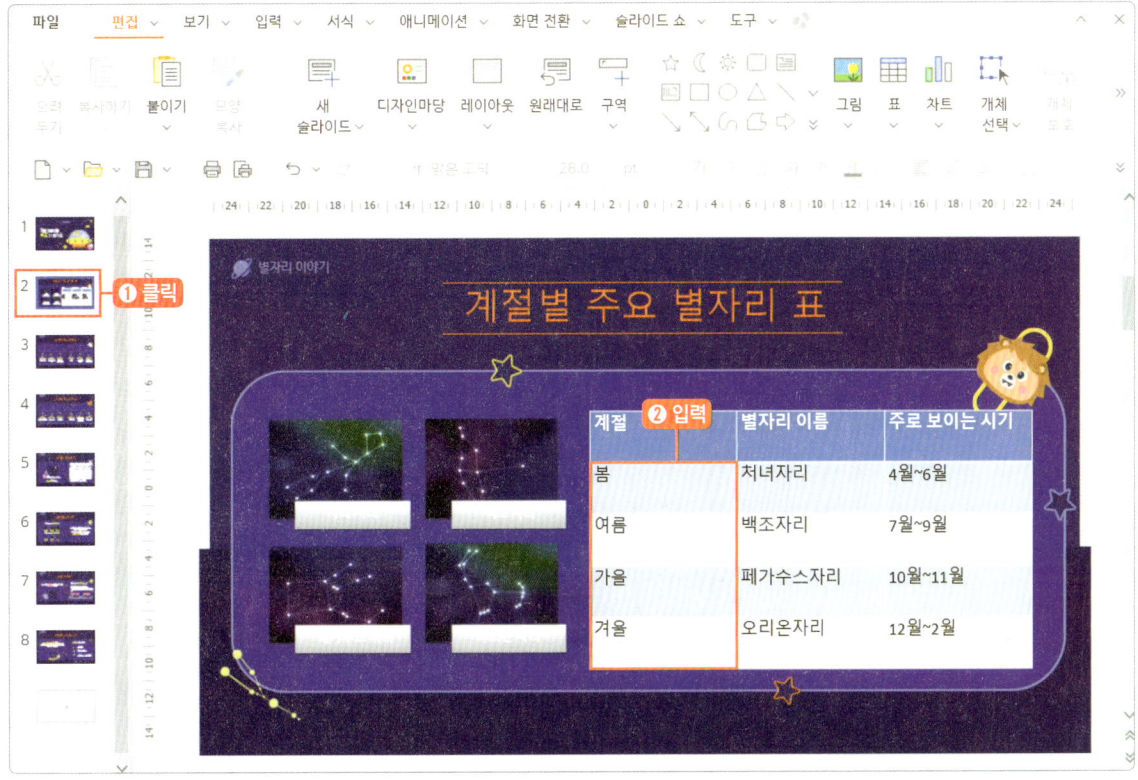

❷ 표를 클릭하고 [표 레이아웃] 탭-[맞춤] 그룹에서 '가운데 정렬(≡)', '내용 정렬 중간(≡)'으로 설정하세요.

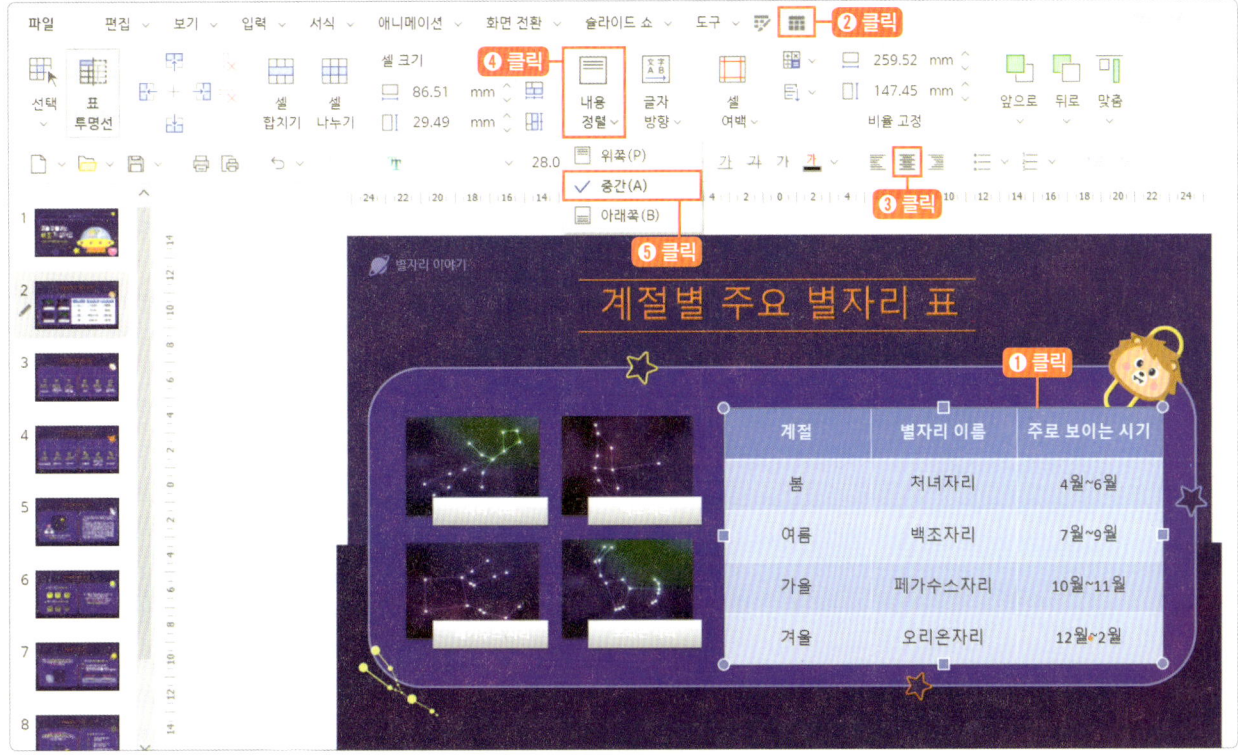

03 ▶ 표 스타일 적용하기

❶ 표를 선택하고 [표] 탭-[표 스타일 옵션]-[줄무늬 행 : 체크 해제], [표 스타일]-[일반 스타일 2 - 강조 1]로 설정해요.

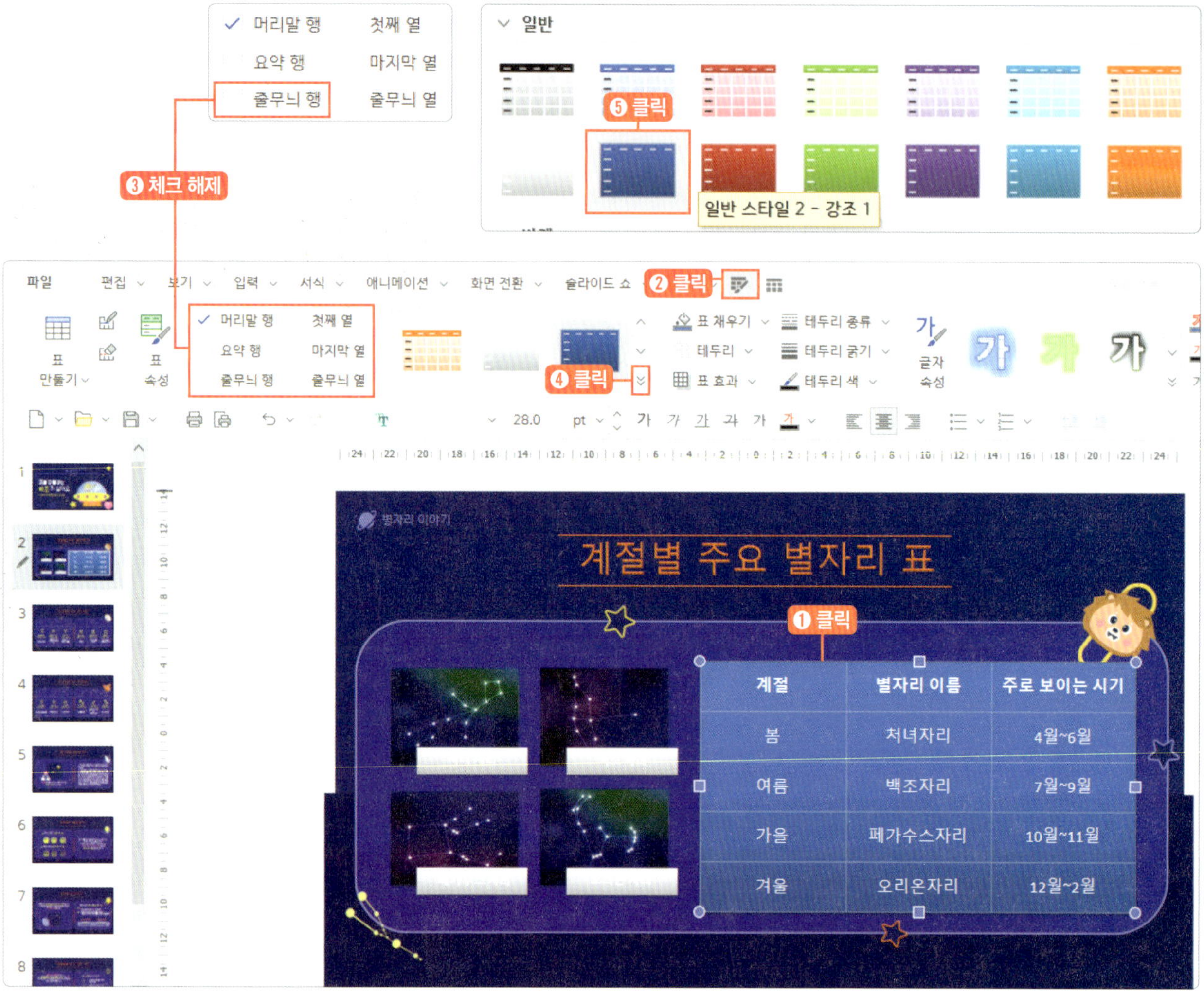

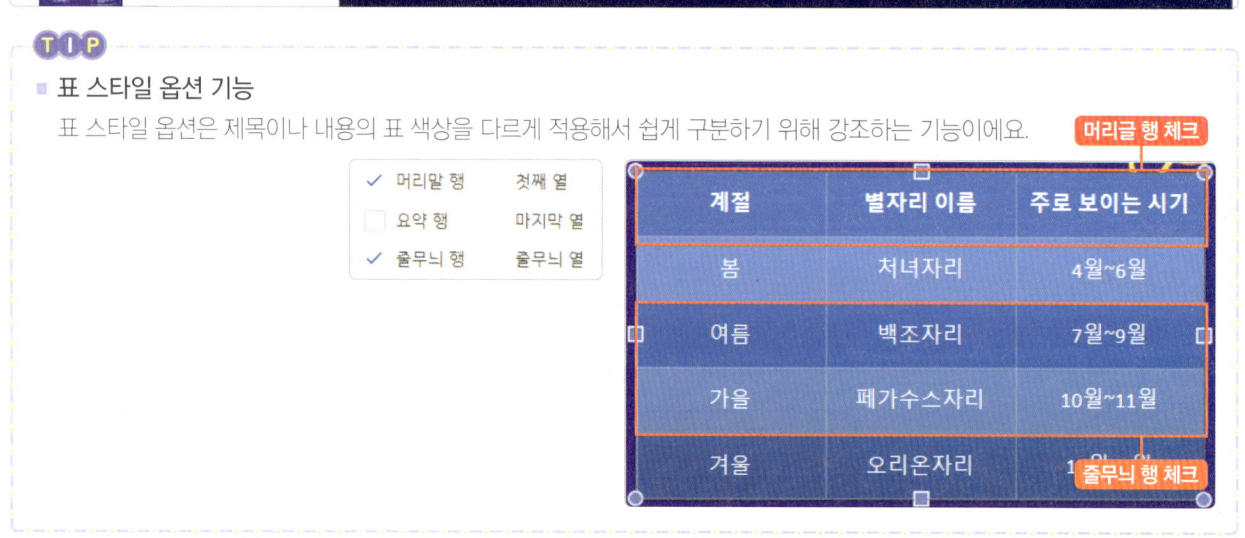

TIP
■ 표 스타일 옵션 기능
표 스타일 옵션은 제목이나 내용의 표 색상을 다르게 적용해서 쉽게 구분하기 위해 강조하는 기능이에요.

04 그룹 글꼴 서식 변경하기

❶ 왼쪽에 있는 그림의 전체 테두리를 선택해 보세요.

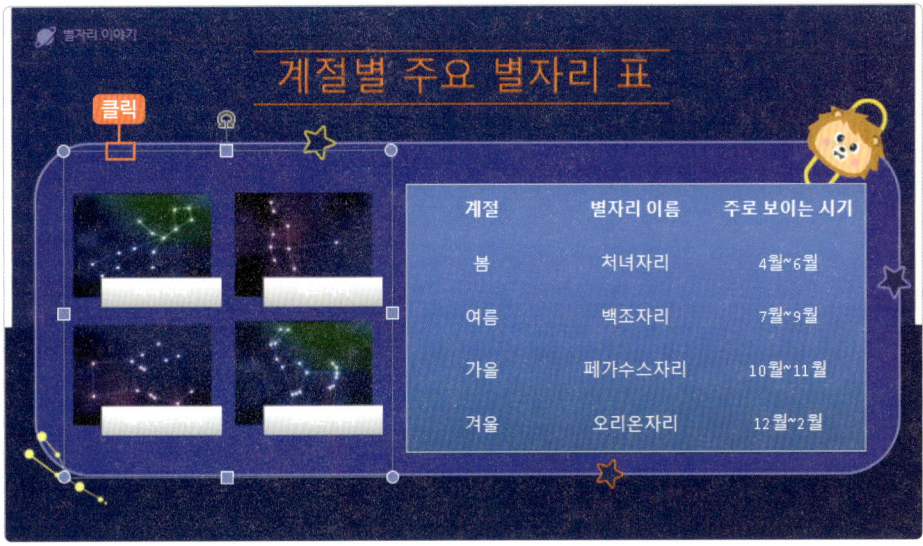

❷ [도형] 탭-[글자 속성] 그룹에서 [자세히] 버튼을 클릭하고 [윤곽 – 어두운 색 1+강조3(그러데이션), 그림자]를 클릭하여 글꼴서식을 변경해요.

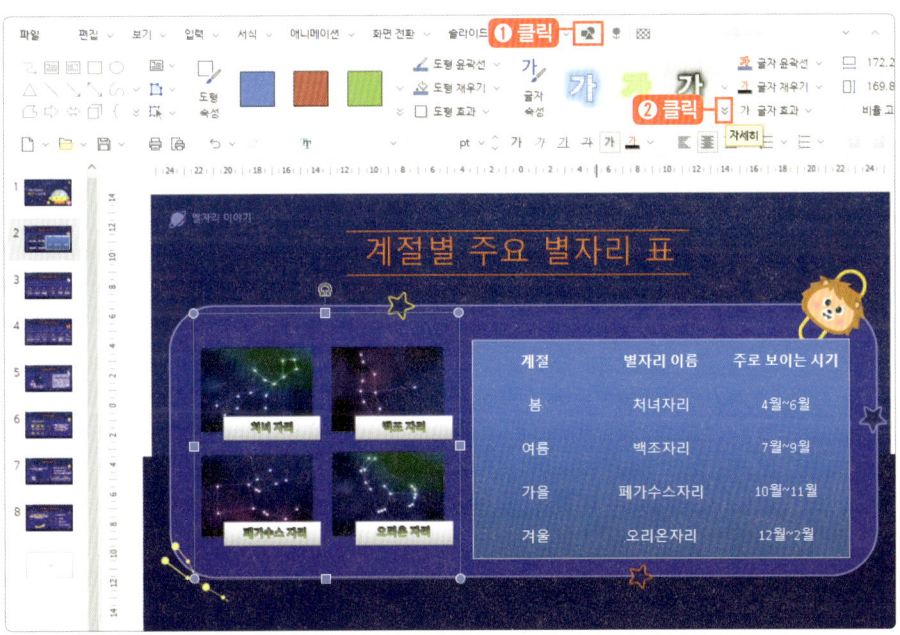

❸ 완성된 파일은 [파일] 탭-[다른 이름으로 저장하기]를 클릭한 다음 [내 이름] 폴더에 '별자리 이야기(완성)' 파일 이름으로 저장하세요.

CHAPTER 14

미션! 뚝딱뚝딱!

📁 불러올 파일 : 계획표.show 📁 완성된 파일 : 계획표(완성).show

01 내 맘대로 사고력으로 문제해결능력 UP

- '계획표.show' 파일을 열어보세요.
- [입력] 탭-[표]-[표 만들기]에서 3×6 표를 만드세요.
- [표 레이아웃] 탭-[맞춤] 그룹에서 '가운데 정렬(畺)', '중간 정렬(≣)'로 설정하세요.
- [표 디자인] 탭-[표 스타일]에서 원하는 색상으로 설정하세요.

완성

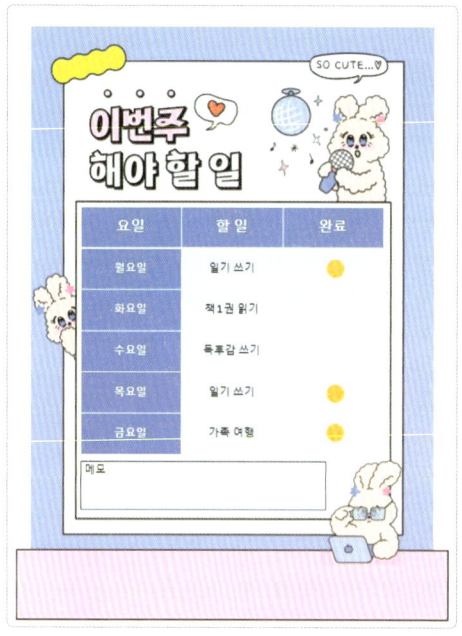

02 학습 게임으로 타자 실력 UP

혼자하는 타자 게임 또는 친구들과 대전 게임으로 승부를 겨루어 보아요.

▲ 혼자 게임

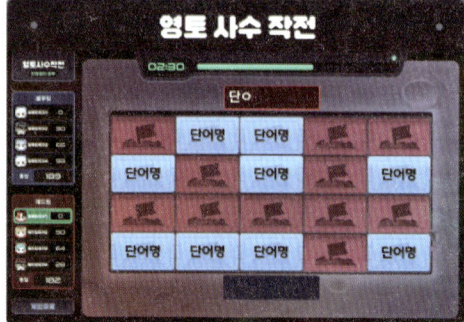
▲ 대전 게임

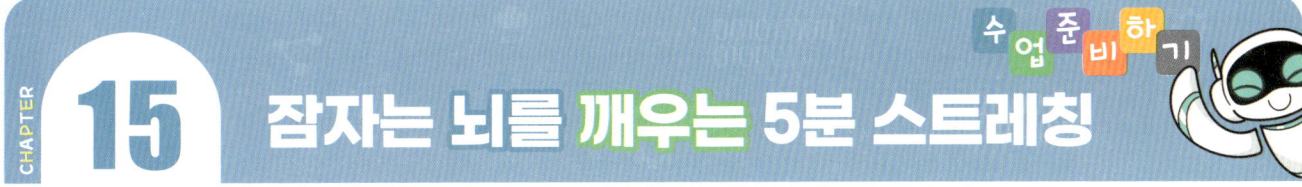

CHAPTER 15 잠자는 뇌를 깨우는 5분 스트레칭

4분 K마블 타자연습으로 잠자는 손가락을 깨워요^^

평균 타수 :

연습하고 싶은 학습 게임을 선택해서 연습해 보아요.

1분 넌센스 퀴즈로 잠자는 뇌를 깨워요^^

1위부터 3위의 트로피의 모양을 보고 똑같은 모양을 찾아 ◯ 표시하고 1위~3위 구분해서 적어주세요.

CHAPTER 15 한 달 동안 관찰한 달의 모양

이런걸 배워요! ● 오늘은 사진의 배경을 투명하게 변경하는 기능과 애니메이션의 이동 경로를 변경하는 방법에 대해 배워요.

■ 불러올 파일 : 달의 모양.show   ■ 완성된 파일 : 달의 모양(완성).show

며칠 전에 본 달 모양이랑 오늘 본 달의 모양이 달라졌어!

그거는 달이 지구 주위를 돌 때 햇빛에 의해서 달이 전체적으로 보이기도 하고 가려지기도 해서 그래

01 사진 편집기로 그림 배경 투명하게 설정하기

① 한쇼를 실행한 다음 '달의 모양.show' 파일을 열고 [슬라이드 쇼] 탭-[처음부터] 메뉴를 클릭해서 슬라이드의 내용을 확인해 보세요.

※ 슬라이드 쇼 시작 단축키 : F5 / 슬라이드 쇼 종료 단축키 : ESC

❷ [슬라이드 2]에서 '달의 모양' 그림을 클릭하고 [편집] 탭에서 [복사하기]를 클릭해요. 이어서, [슬라이드 1]을 클릭하고 [편집] 탭-[붙이기]를 클릭해서 그림을 복사해요.

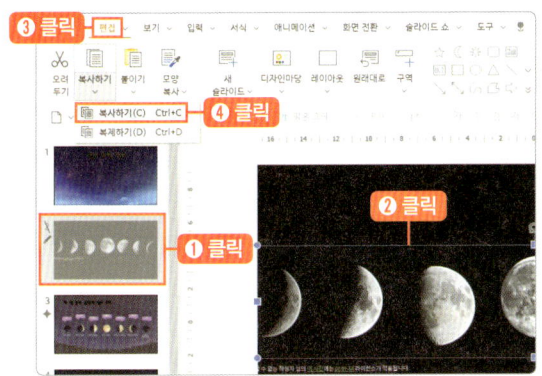
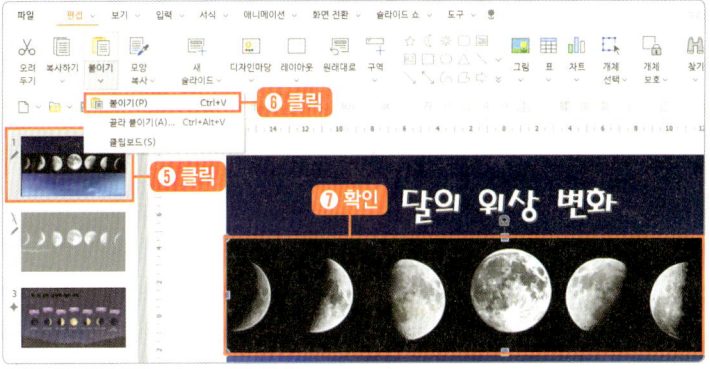

❸ [그림] 탭에서 [사진 편집]을 클릭한 후, [사진 편집기] 창에서 배경을 투명하게 할 수 있어요. [사진 편집기] 창에서 [투명 효과] 탭을 클릭하고 사진의 '검정색' 배경을 클릭한 다음 <적용> 단추를 클릭해요.

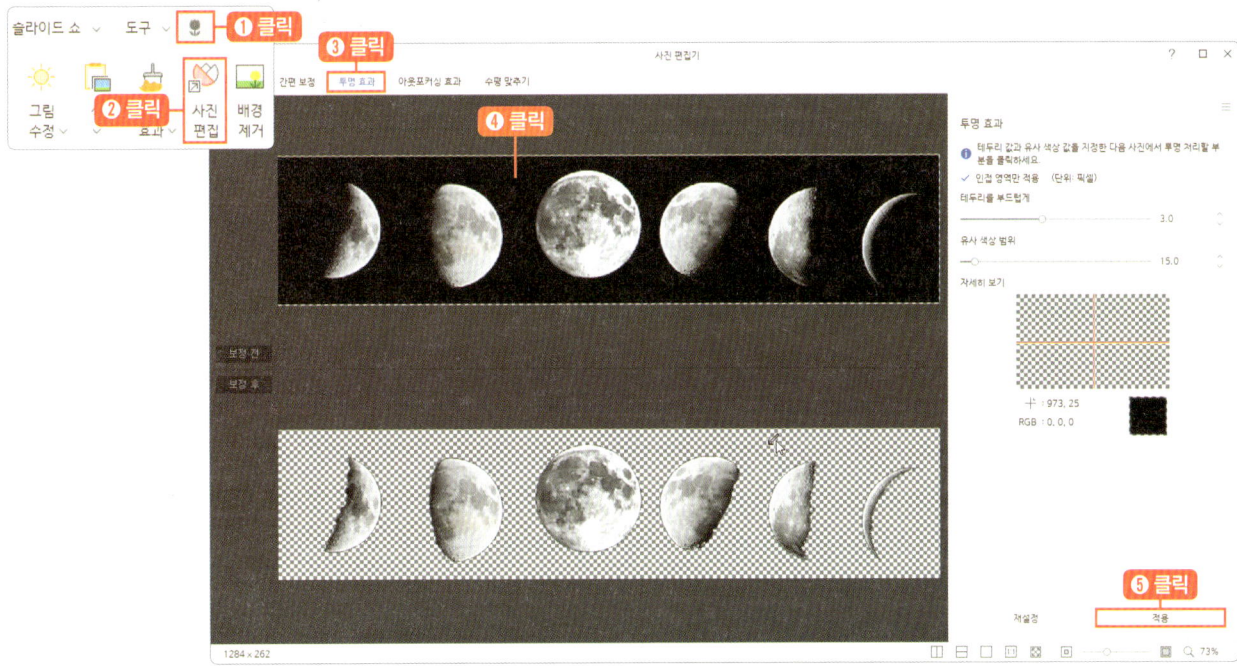

❹ 투명하게 변경된 배경을 확인해 보세요.

02 애니메이션 적용하기

❶ '달의 모양' 그림을 클릭하고 [애니메이션] 탭-[닦아내기] 효과를 설정해요. 이어서, [효과 설정]-[왼쪽으로]로 변경해요.

❷ [애니메이션] 탭-[애니메이션 미리 보기]를 클릭하여 애니메이션을 확인해 보세요.

※ [미리 보기]를 사용하면 슬라이드 쇼를 시작하지 않아도 애니메이션 효과를 확인할 수 있어요.

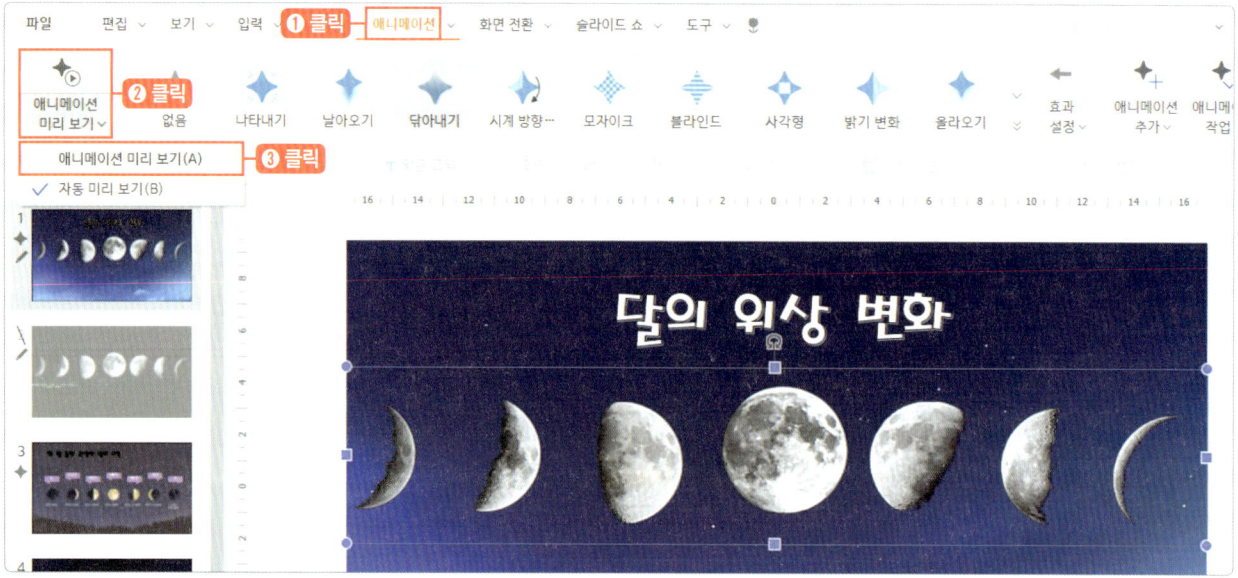

빙글빙글 애니메이션 효과 적용하기

❶ [슬라이드 4]에서 '달 그림'을 클릭한 후, [애니메이션] 탭-[이동 경로]-[도형] 효과를 설정해요. 이어서, [타이밍] 그룹에서 [재생 시간]을 '4초'로 변경하세요.

※ [효과 설정]은 [원형]으로 설정되어 있어야 해요.

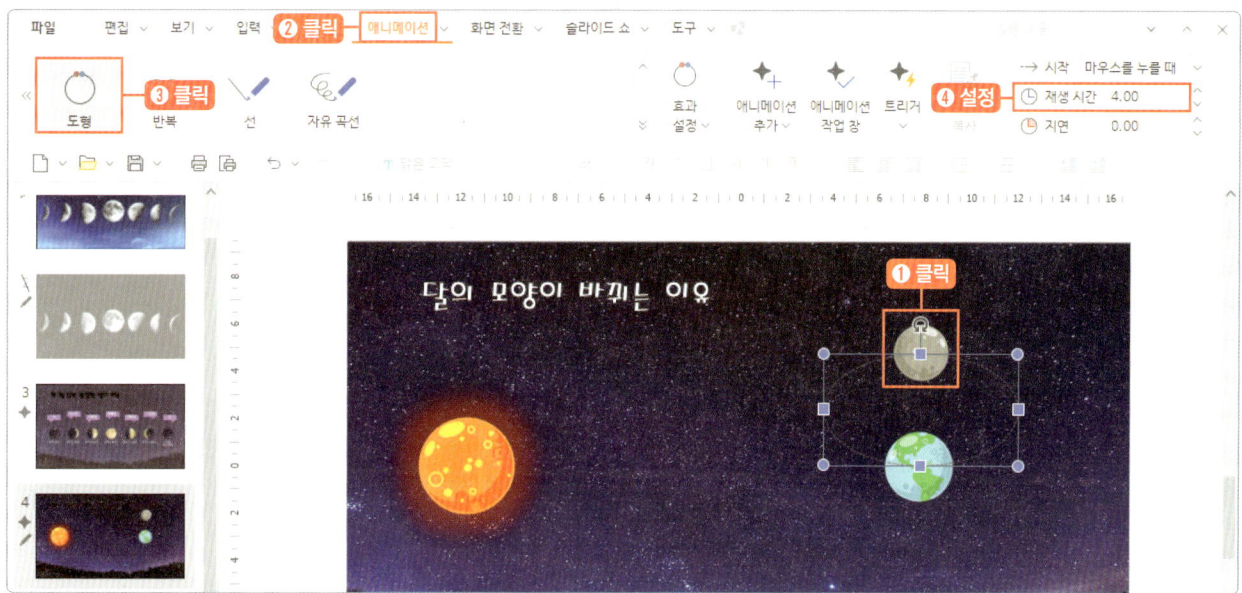

❷ 달 주변에 생성된 이동 경로를 마우스로 클릭한 후, 이동 경로의 크기를 크게 변경해 주세요.

 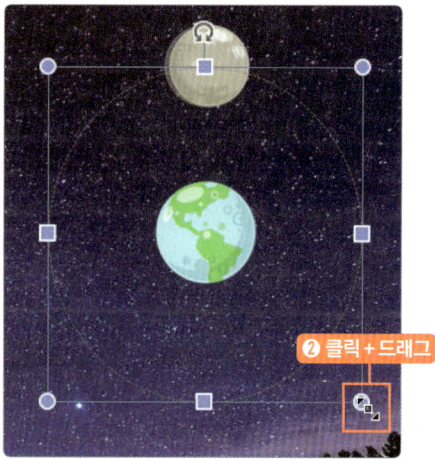

❸ 키보드의 F5 키를 눌러서 슬라이드 전체의 애니메이션 효과를 확인해 보세요.

❹ 완성된 파일은 [파일] 탭-[다른 이름으로 저장하기]를 클릭한 다음 [내 이름] 폴더에 '달의 모양(완성)' 파일 이름으로 저장하세요.

CHAPTER 15 — 미션! 뚝딱뚝딱!

01 내 맘대로 사고력으로 문제해결능력 UP

- '해와 달.show' 파일을 열어보세요.
- [슬라이드 1]에서 동쪽에 있는 해 그림을 클릭하고 [이동경로]-[타원] 애니메이션을 설정해요.
- 해 그림이 완성 예시와 같이 오후 12시와 오후 7시에 있는 해 그림과 겹쳐서 지나가도록 이동 경로를 수정해 보세요.

02 학습 게임으로 타자 실력 UP

혼자하는 타자 게임 또는 친구들과 대전 게임으로 승부를 겨루어 보아요.

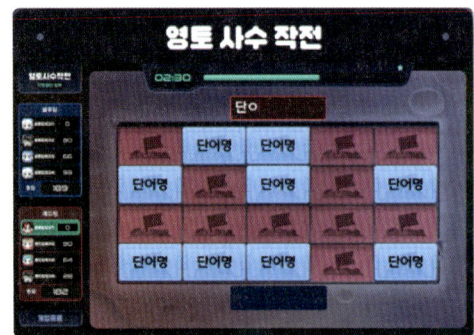

▲ 혼자 게임　　▲ 대전 게임

알아두면 좋은 생활 상식

CHAPTER 16 — 내 맘대로 해결사 되기!

지난 세 개의 차시에서 배운 내용으로 스스로 해결해 볼까?

■ 불러올 파일 : 이번주 날씨.show   ■ 완성된 파일 : 이번주 날씨(완성).show

오늘은 지난 세 개의 차시에서 배운 내용으로 하나의 작품을 만들어 볼거에요. 오른쪽 페이지를 참고해서 스스로 해결해 보고 어려운 부분은 손을 들어주세요.

슬라이드 1

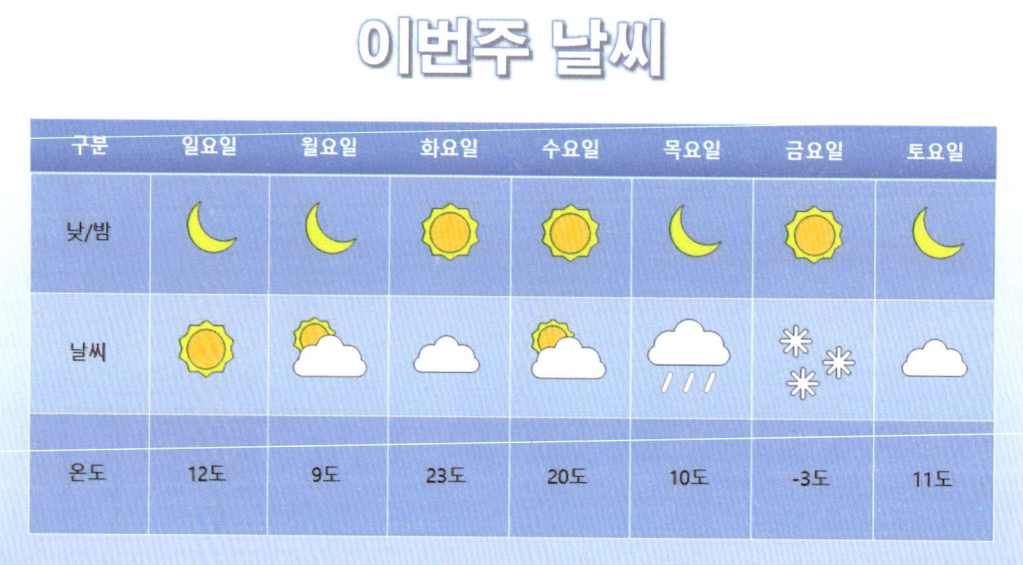

슬라이드 2

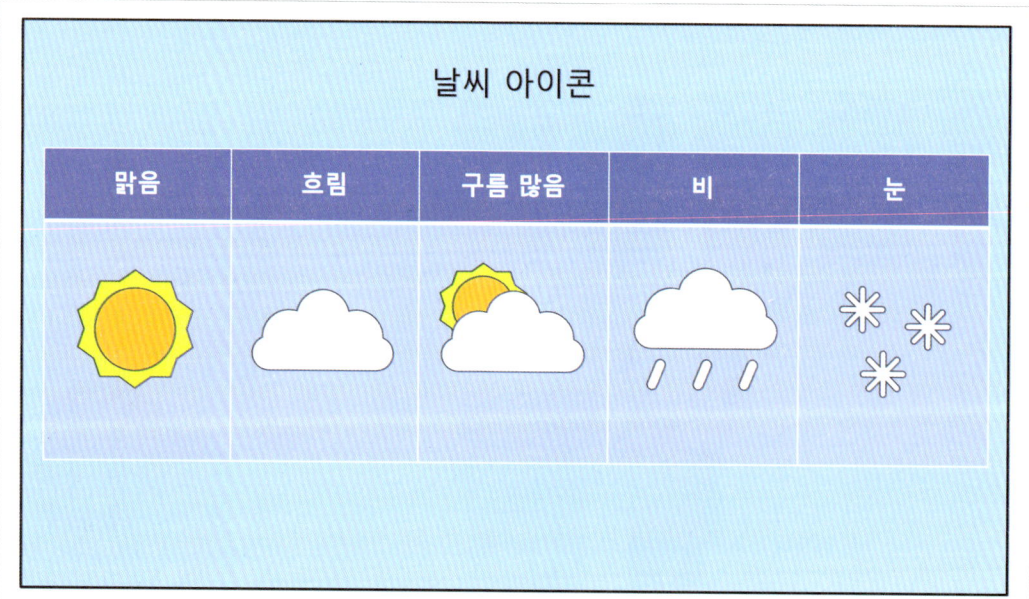

■ **이렇게 만들어 보아요.** (아래 지시사항과 힌트를 보면서 스스로 해결해 보아요.)

01 내 맘대로 사고력으로 문제해결능력 UP

오늘의 날씨는 어땠나요? 도형 그룹화를 이용해서 이번 주 날씨를 표현해 주세요. 그동안 배웠던 그룹화/표 서식 기능을 활용해서 만들어보아요.

슬라이드 2

1. 도형 배치하고 그룹화 하기
   그룹화 : Ctrl + G
2. 그룹화 해제 하여 도형 재배치 한 후, 그룹화 하기
   그룹화 해제 : Ctrl + Shift + G

슬라이드 1

1. [슬라이드 2]에서 만든 도형 복사하여 [슬라이드 1]에 붙여넣기
2. 비어있는 칸에 날씨 아이콘 배치하기
3. [표 디자인]-[표 스타일] 변경하기

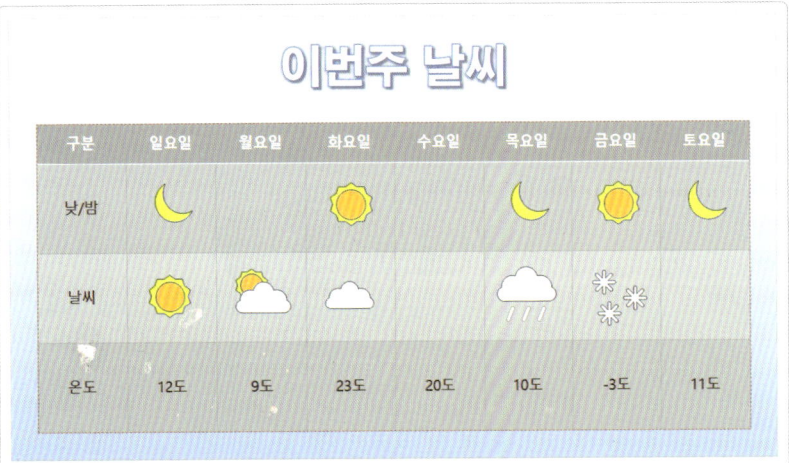

알아두면 좋은 컴퓨터 상식

CHAPTER 17 잠자는 뇌를 깨우는 5분 스트레칭

4분 K마블 타자연습으로 잠자는 손가락을 깨워요^^

평균 타수 :

연습하고 싶은 학습 게임을 선택해서 연습해 보아요.

1분 넌센스 퀴즈로 잠자는 뇌를 깨워요^^

같은 색상의 우주선끼리 선으로 연결해 주세요.

CHAPTER 17 오늘의 달 모양 관찰하기

이런 걸 배워요! ● 오늘은 그림에 웹사이트를 연결하는 방법과 스크린 샷 사용 방법에 대해 배워요.

📁 불러올 파일 : 오늘의 달.show 📁 완성된 파일 : 오늘의 달(완성).show

오늘의 달 모양을 확인해 볼까?

그림을 클릭했을 때 웹사이트와 연결하는 기능은 링크 또는 하이퍼링크 기능을 사용한 거야.

01 내 컴퓨터에서 그림 삽입하기

❶ 한쇼를 실행한 다음 '오늘의 달.show' 파일을 열고 슬라이드의 내용을 확인해 보세요.

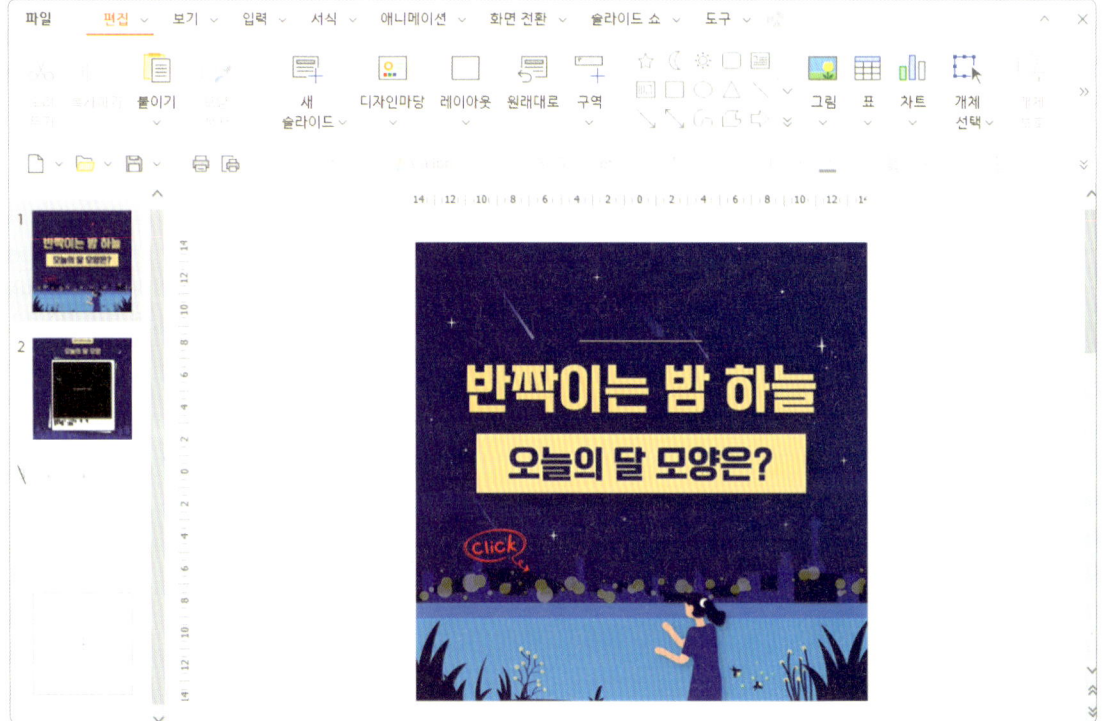

❷ [슬라이드 1]에서 [입력] 탭-[그림]을 클릭해요. '그림 넣기' 대화 상자에서 파일 경로를 확인하고 '천체 망원경.png' 파일을 선택한 다음 <열기> 단추를 클릭하세요.

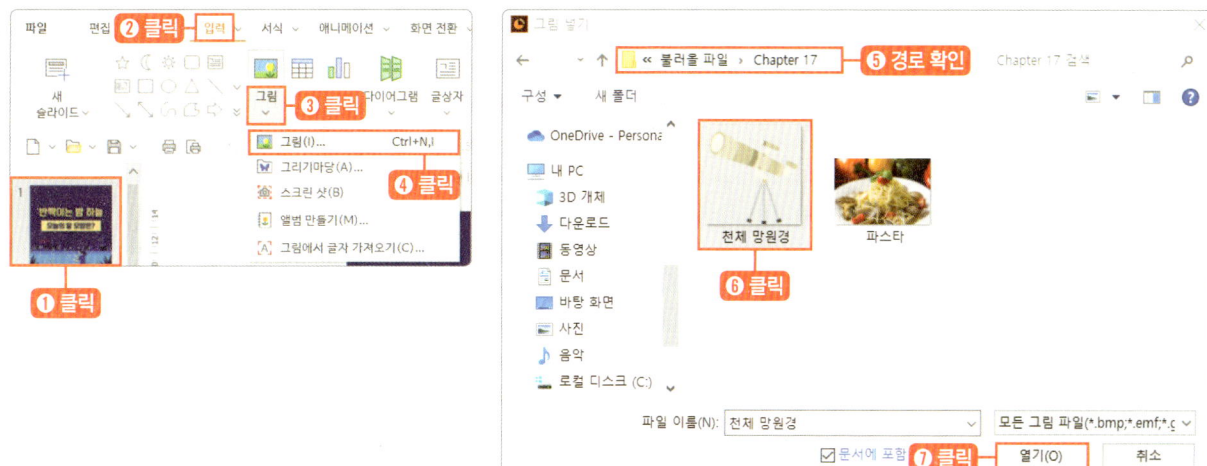

❸ '천체 망원경' 이미지를 그림과 같이 배치하세요.

TIP
망원경의 색을 변경하려면 [그림] 탭-[색]-[이중 톤] 메뉴를 사용해 보세요.

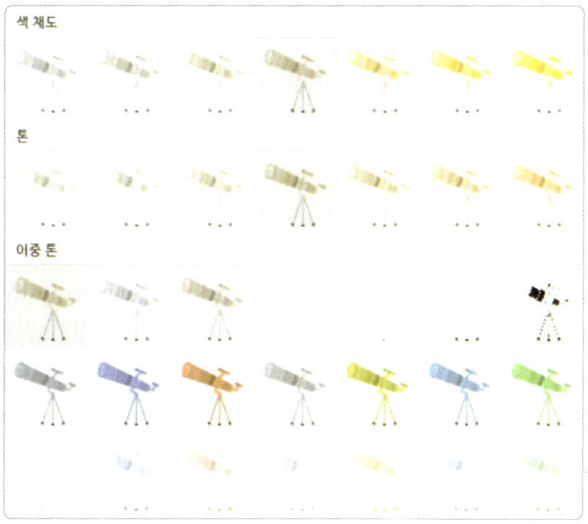

02 그림에 웹사이트 연결하기

❶ [슬라이드 3]에서 'https'로 시작하는 글자를 모두 드래그해서 [마우스 오른쪽 단추] 클릭-[복사하기]를 클릭해요.

※ 복사 단축키 : Ctrl + C

❷ [슬라이드 1]에서 '천체 망원경' 그림을 선택하고 [입력] 탭-[하이퍼링크]를 클릭해요.

❸ '하이퍼링크' 대화 상자에서 '웹 주소' 탭의 빈칸에 붙여넣기하고 <넣기> 단추를 클릭하세요.

※ 붙여넣기 단축키 : Ctrl + V

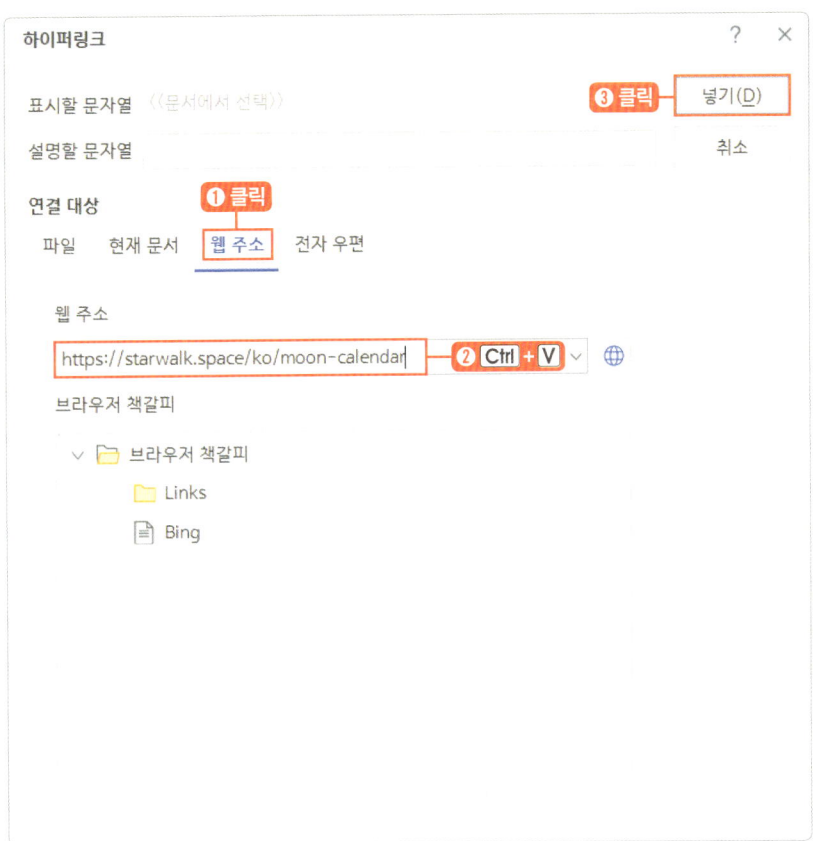

❹ Ctrl 키를 누르면서 '천체 망원경' 이미지를 클릭하면 링크했던 웹사이트로 이동하는지 확인해 보세요.

03 오늘의 달 모양 사진 캡처하기

❶ [슬라이드 2]에서 [입력] 탭-[그림]-[스크린 샷]을 클릭하면 현재 열려있는 창을 볼 수 있어요. [화면 캡처]를 클릭하여 [슬라이드 1]에서 하이퍼링크 연결했던 사이트에서 스크린 샷 범위를 지정해요.

❷ 캡처된 그림을 클릭하고 [그림] 탭-[자르기] 기능을 사용해서 달 모양만 보이도록 그림을 잘라주세요. 이어서, 달 그림의 크기와 위치를 조절 해주세요.

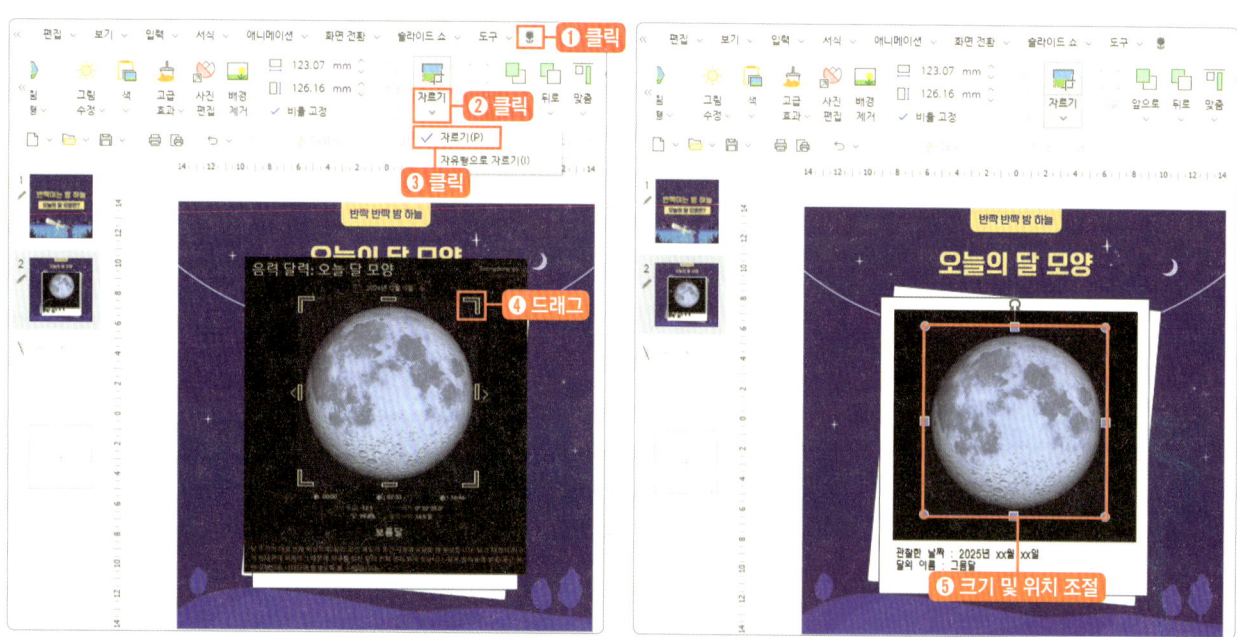

04 글머리 기호와 줄 간격 설정하기

❶ 텍스트 상자를 클릭한 다음 관찰한 날짜와 달의 이름을 수정해 주세요.

❷ 텍스트 상자의 테두리를 클릭하고 [서식] 탭-[글머리 기호(　)]-[화살표 글머리 기호]로 설정하세요. 이어서, [줄 간격(　)]을 클릭하고 '1.5'로 설정해 보세요.

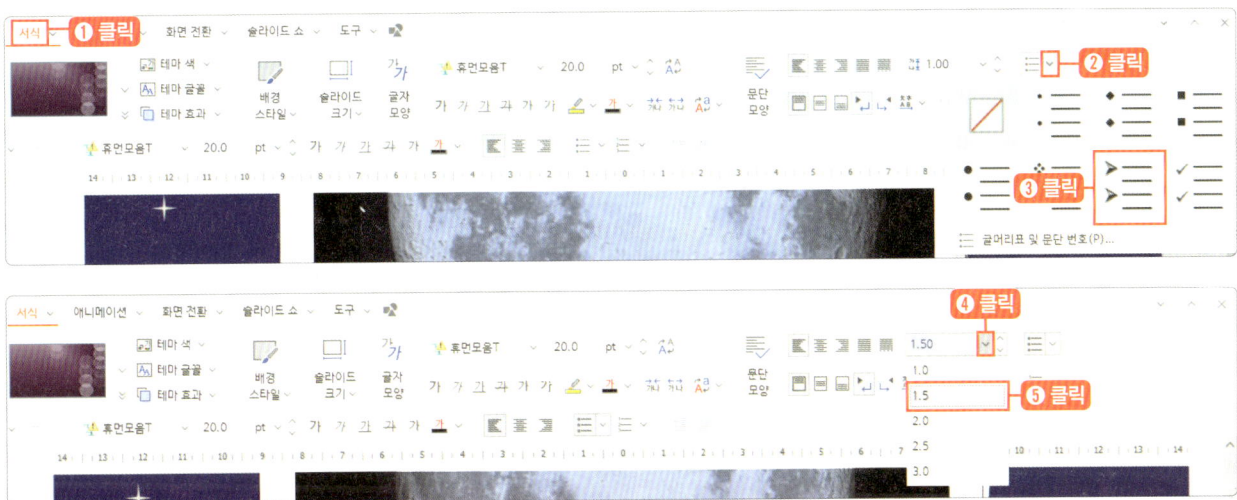

❸ 설정된 내용을 확인하고 완성된 파일은 [파일] 탭-[다른 이름으로 저장하기]를 클릭한 다음 [내 이름] 폴더에 '달의 모양(완성)' 파일 이름으로 저장하세요.

CHAPTER 17 · 미션! 뚝딱뚝딱!

🚩 불러올 파일 : 레시피.show   🚩 완성된 파일 : 레시피(완성).show

01 내 맘대로 사고력으로 문제해결능력 UP

- [불러올 파일]-[Chapter 17]-'파스타.jpg' 이미지를 열어보세요.
- '레시피.show' 파일을 열어보세요.
- [입력] 탭-[그림]-[스크린 샷]-[화면 캡처]를 클릭해서 '파스타 이미지 창'의 범위를 지정하고 [자르기] 기능을 사용해서 이미지를 크기에 맞게 잘라보세요.
- [슬라이드 2]에 있는 링크를 복사해서 '동영상 보기' 도형에 [입력] 탭-[하이퍼링크] 기능을 사용해서 웹주소를 연결해 주세요.

02 학습 게임으로 타자 실력 UP

혼자하는 타자 게임 또는 친구들과 대전 게임으로 승부를 겨루어 보아요.

▲ 혼자 게임

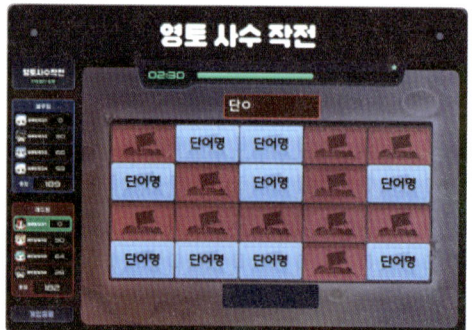
▲ 대전 게임

CHAPTER 18 잠자는 뇌를 깨우는 5분 스트레칭

4분 K마블 타자연습으로 잠자는 손가락을 깨워요^^

평균 타수:

연습하고 싶은 학습 게임을 선택해서 연습해 보아요.

1분 넌센스 퀴즈로 잠자는 뇌를 깨워요^^

다음 문장에서 틀린 맞춤법의 개수를 맞혀보고 틀린 내용을 고쳐주세요. [힌트] 두 군데

CHAPTER 18 반짝 반짝 빛나는 별자리 그리기

이런걸 배워요! ● 오늘은 도형을 빛나게 하는 네온 효과와 선 연결 방법에 대해 배워요.

📘 불러올 파일 : 별자리 그리기.show   📗 완성된 파일 : 별자리 그리기(완성).show

천칭자리는
9월 23일~10월 22일에
해당하는 별자리야!

밤하늘에
반짝 반짝 빛나는
네온 효과와 선을 사용해서
별자리를 그렸어.

01 반짝 반짝 빛나는 별 그리기

❶ 한쇼를 실행한 다음 '별자리 그리기.show' 파일을 열고 오늘 배울 내용을 확인해 보세요.

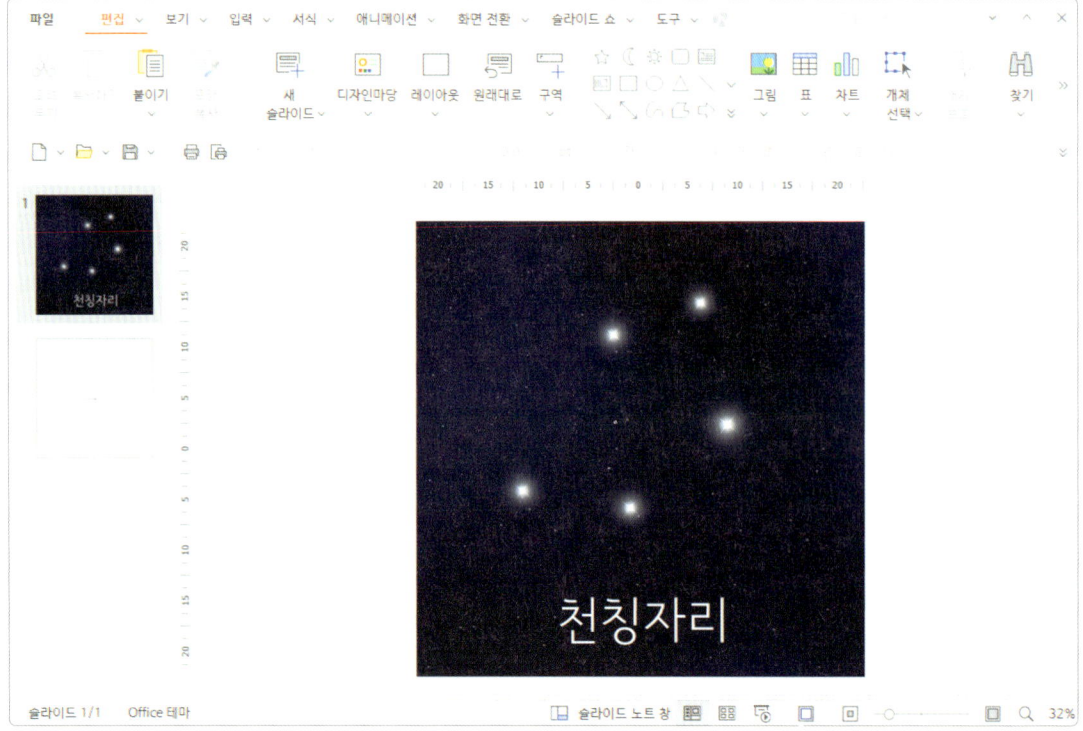

❷ [입력] 탭-[도형]-[별 및 현수막]-[포인트가 5개인 별()] 도형을 클릭하고 '흰색 별' 위에 1개만 그려 주세요.

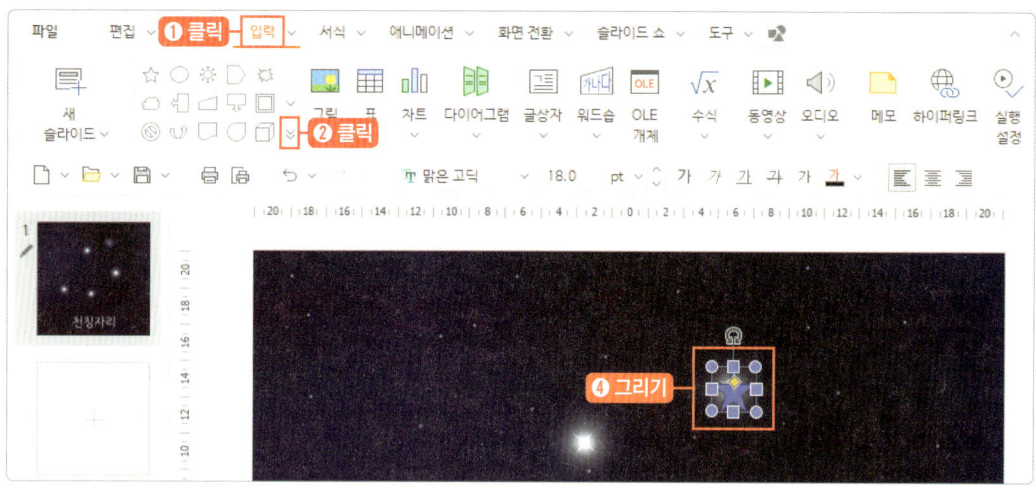

❸ '별 모양'을 클릭하고 [도형] 탭-[도형 채우기]-'노랑'으로 설정하세요. 이어서, [도형 윤곽선]-'없음'으로 설정하세요.

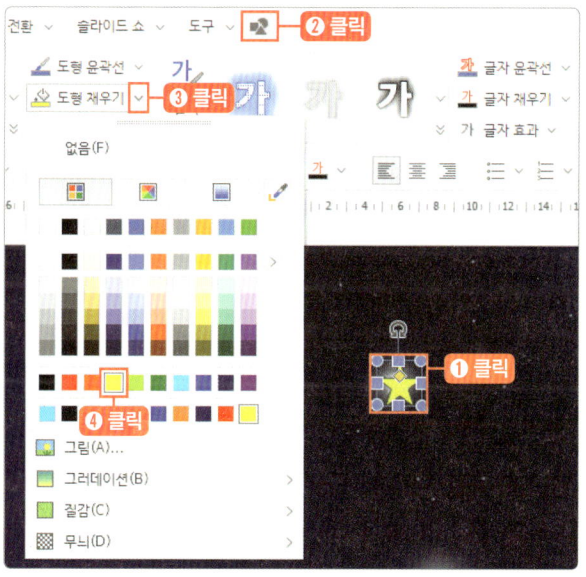

❹ '별 모양'이 반짝 반짝 빛날 수 있도록 [도형] 탭-[도형 효과]-[네온]-'강조색 4, 15pt'로 설정하세요.

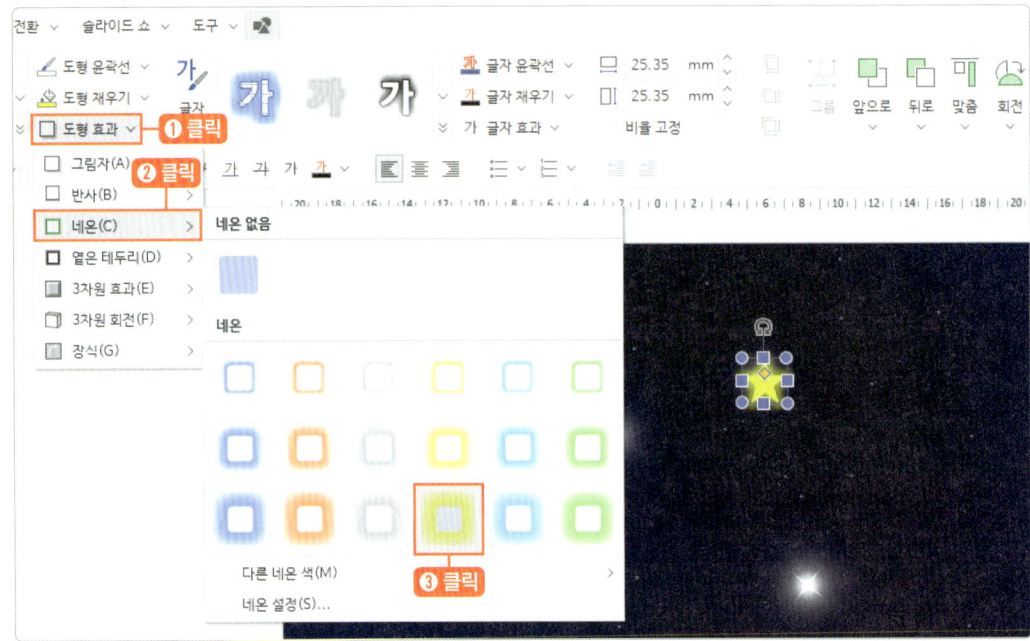

❺ 반짝 빛나는 '별 도형'을 클릭하면서 Ctrl + 드래그하면 별이 복사되는 것을 확인할 수 있어요. 모든 '흰색 별' 위에 '노란 별'을 복사해주세요.

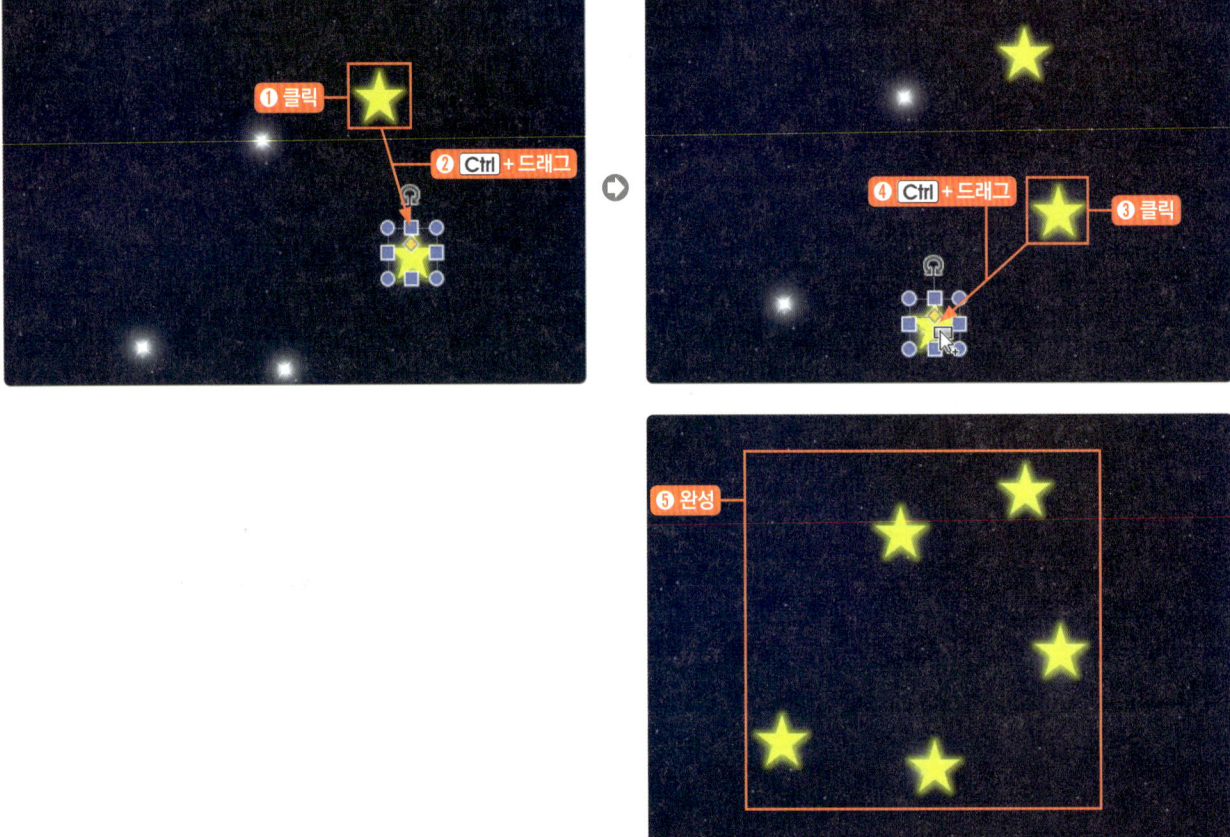

02 별과 별 사이 선 긋기

❶ [입력] 탭-[도형]-[선( )]을 클릭하고 '노란 별' 위에 마우스를 올려두면 동그란 점이 보여요.

❷ '첫 번째 노란 별'의 동그란 점을 마우스로 누르면서 '두 번째 노란 별'의 동그란 점과 이어주면 노란색의 점선이 이어져요.

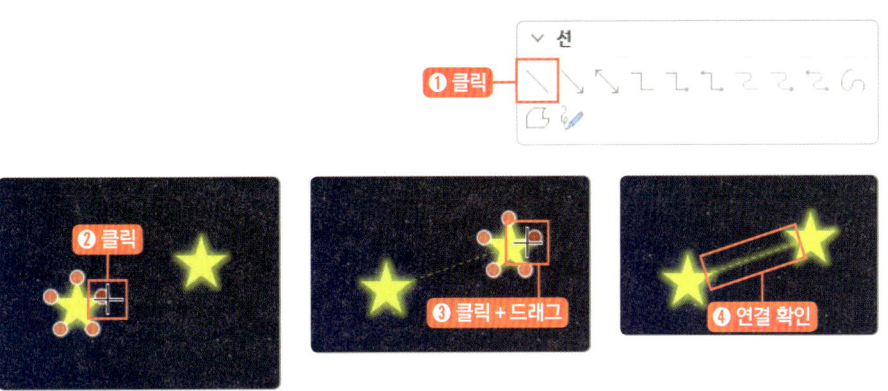

❸ 그림과 같이 선을 연결해서 천칭자리를 완성해 주세요.

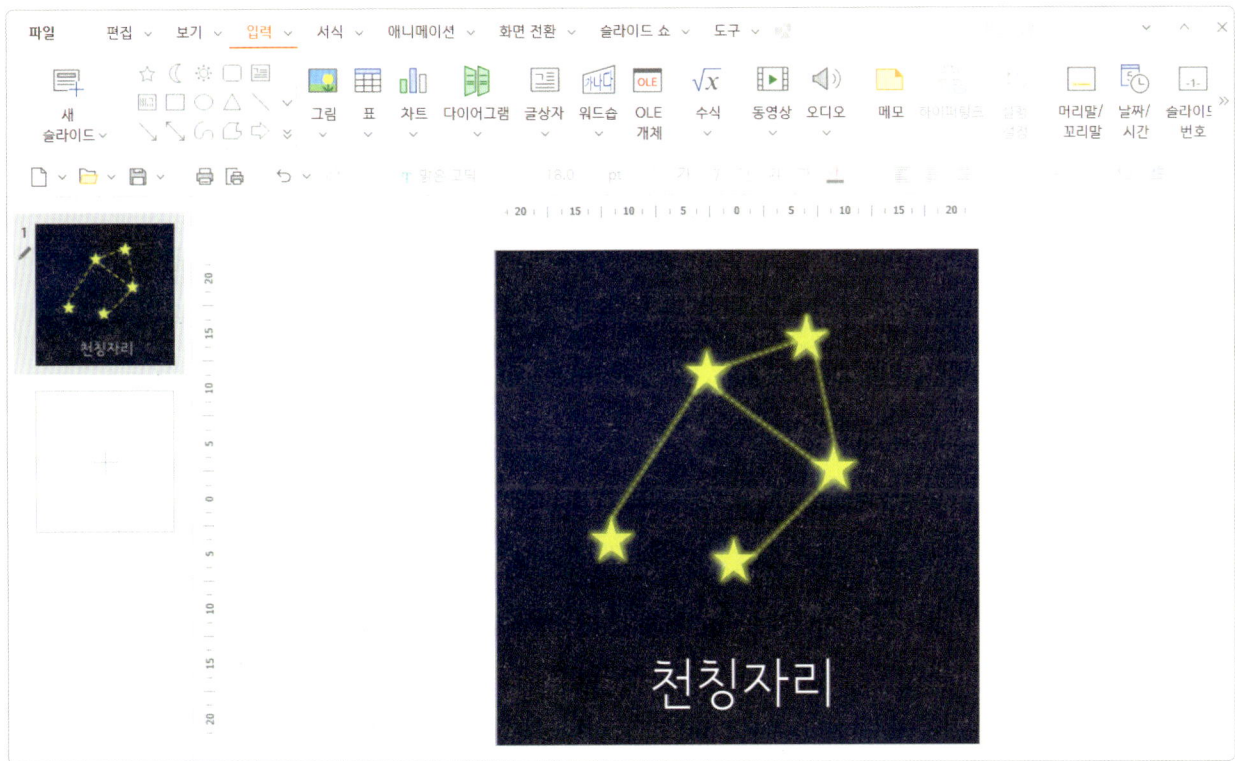

❹ 완성된 파일은 [파일] 탭-[다른 이름으로 저장하기]를 클릭한 다음 [내 이름] 폴더에 '별자리 그리기(완성)' 파일 이름으로 저장하세요.

CHAPTER 18 — 미션! 뚝딱뚝딱!

📁 불러올 파일 : 오리온 자리.show 📁 완성된 파일 : 오리온 자리(완성).show

01 내 맘대로 사고력으로 문제해결능력 UP

- '오리온 자리.show' 파일을 열어보세요.
- [입력] 탭-[도형]-[선(╲)]을 클릭해서 '흰색 선' 위에 '주황색 선'을 그려주세요.
- 그려져 있는 모든 선을 선택하고 [도형] 탭-[도형 효과]-[네온]-'강조색 2, 15pt'로 설정하세요.

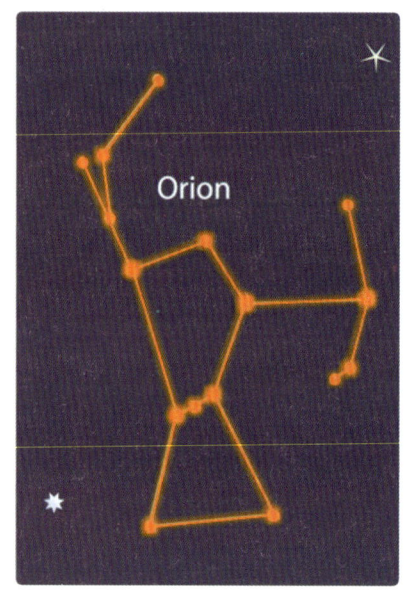

완성

02 학습 게임으로 타자 실력 UP

혼자하는 타자 게임 또는 친구들과 대전 게임으로 승부를 겨루어 보아요.

▲ 혼자 게임

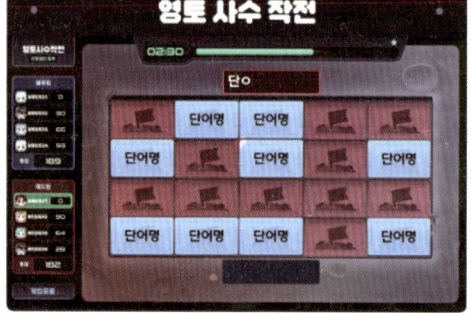
▲ 대전 게임

CHAPTER 19 잠자는 뇌를 깨우는 5분 스트레칭

4분 K마블 타자연습으로 잠자는 손가락을 깨워요^^

평균 타수 :

연습하고 싶은 학습 게임을 선택해서 연습해 보아요.

1분 넌센스 퀴즈로 잠자는 뇌를 깨워요^^

우주에는 태양과 블랙홀, 우주선까지 무시무시한 장애물이 많아요. ①~④ 중에서 도착 지점까지 무사히 도착할 수 있는 곳은 어디일까요?

CHAPTER 19 내 생일에 맞는 별자리 찾기

이런걸 배워요! ● 오늘은 그림 스타일을 적용하고 글자에 하이퍼링크를 설정하는 방법과 글머리 기호 설정 방법에 대해 배워요.

■ 불러올 파일 : 별자리.show   ■ 완성된 파일 : 별자리(완성).show

내 생일은 무슨 별자리일까?

총 12개의 숫자 중에서 생일을 클릭하면 내 생일에 대한 별자리를 확인할 수 있어!

01 그림 스타일 적용하기

❶ 한쇼를 실행한 다음 '별자리.show' 파일을 열고 슬라이드의 내용을 확인해 보세요.

※ 슬라이드 쇼 시작 단축키 : F5 / 슬라이드 쇼 종료 단축키 : ESC

❷ [슬라이드 2]에서 그림을 클릭하고 [그림] 탭-[그림 스타일]-'회색 원형 반사'을 클릭하세요.

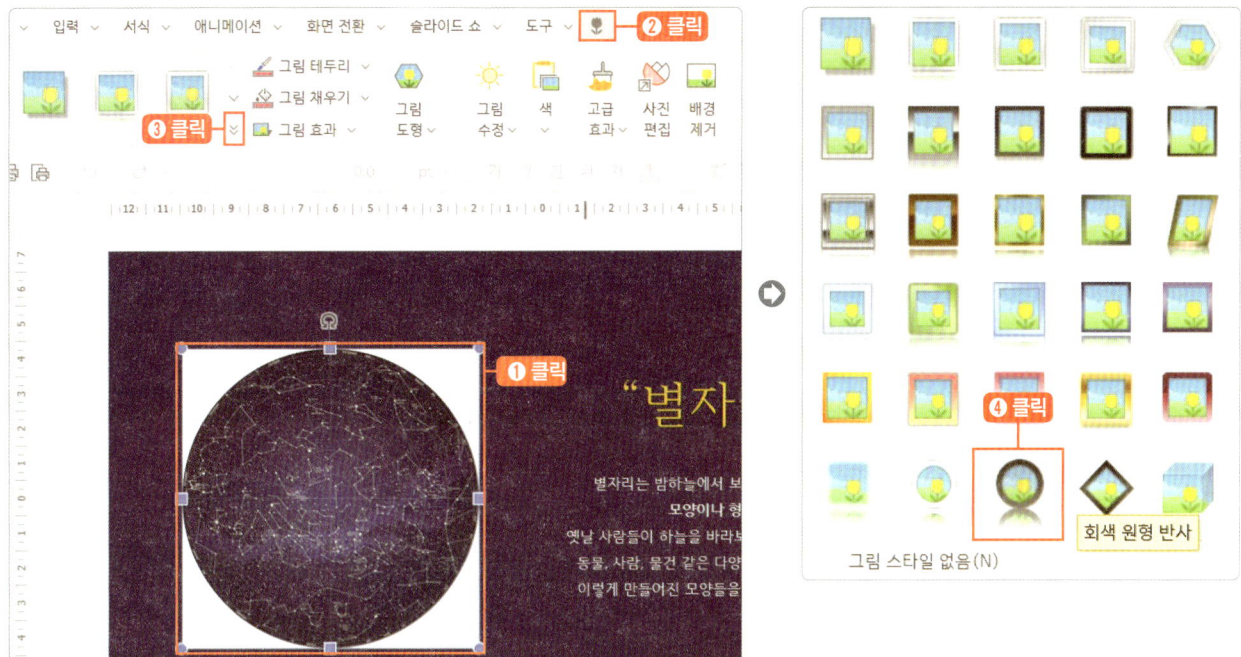

❸ 그림을 Ctrl 키를 누르면서 [마우스 왼쪽 단추]를 클릭하면 '네이버 별자리 운세' 사이트로 연결되고, 그림에서 [마우스 오른쪽 단추]를 클릭하면 링크를 수정할 수 있는 [하이퍼링크 편집] 메뉴가 있어요.

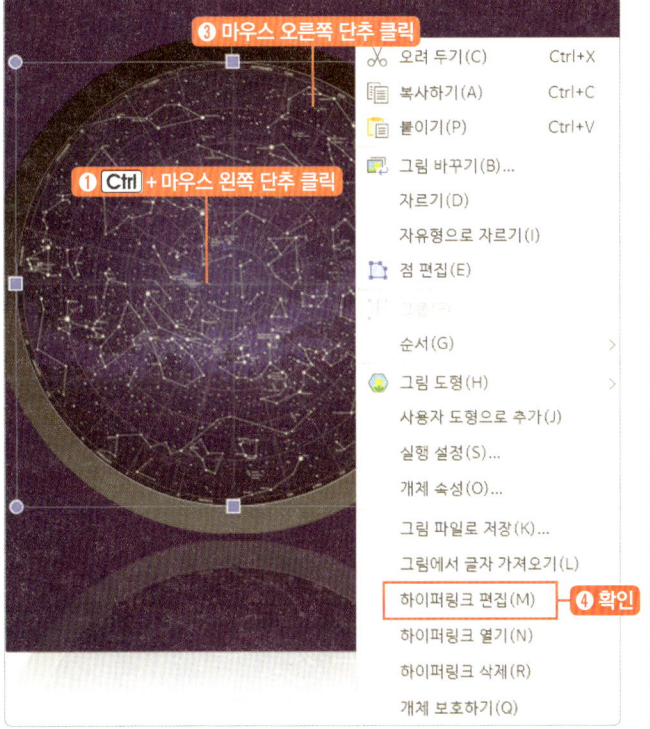

원하는 슬라이드로 링크 설정하기

❶ [슬라이드 3]에서 '3월 21일 ~ 4월 19일' 텍스트를 드래그하고, [입력] 탭-[하이퍼링크]를 클릭하세요.

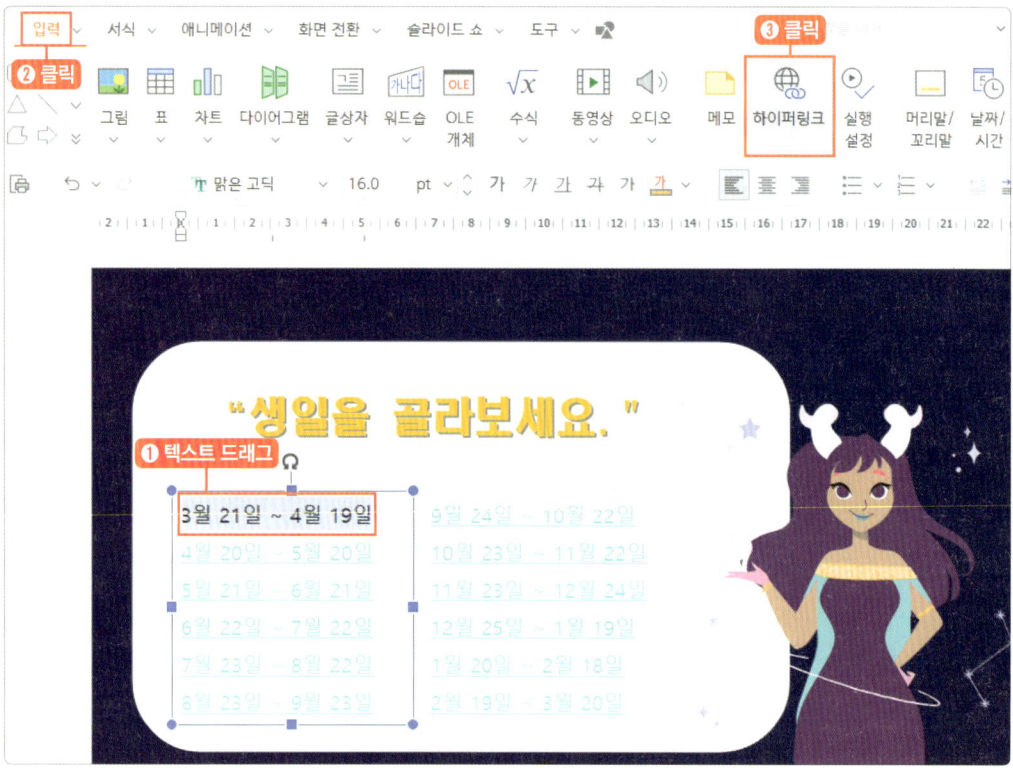

❷ [하이퍼링크] 대화상자에서 [현재 문서]-'다음 슬라이드'을 선택하고 <넣기> 단추를 클릭하면 텍스트에 [슬라이드 4]의 링크가 연결돼요.

※ 텍스트 상자 전체를 클릭하는 게 아니라 일부 텍스트만 드래그해서 링크로 연결해 주세요.

03 글머리 기호 표시하기

❶ 첫 번째 텍스트 상자를 클릭하고 [서식] 탭에 있는 글머리 기호(☰)를 클릭하고 '1) ~ 2)' 모양을 선택해 주세요.

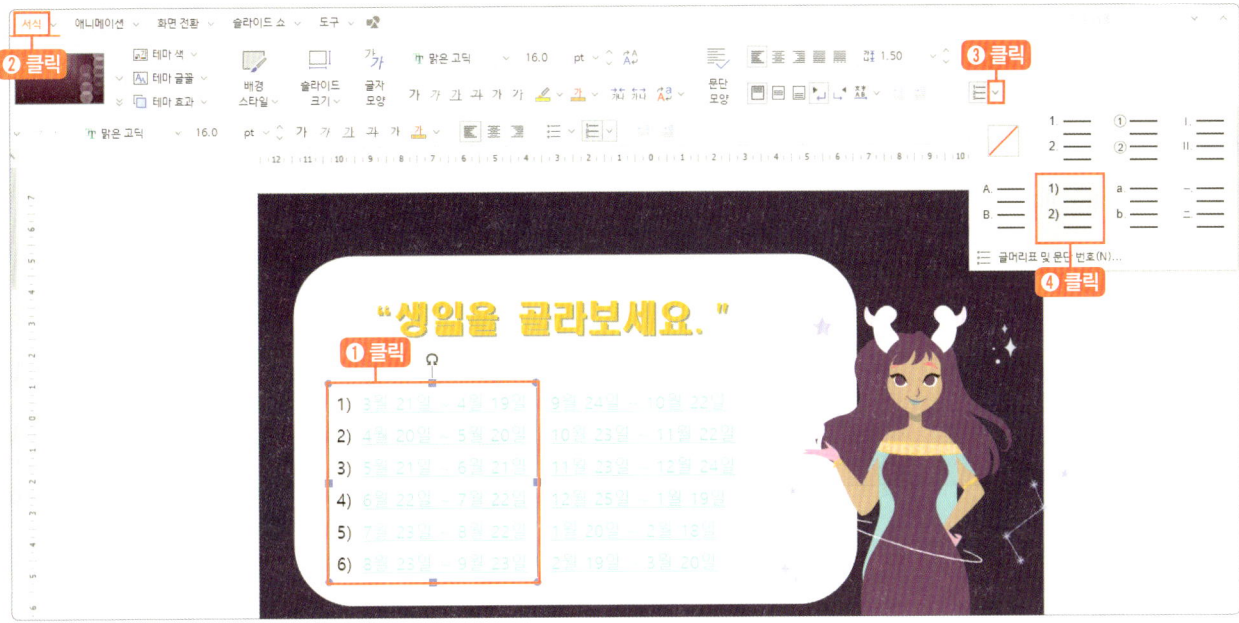

❷ 두 번째 텍스트 상자를 클릭하고 글머리 기호(☰)를 클릭하고 '글머리표 및 문단 번호'를 선택해요. 이어서, '시작 번호'를 '7'로 변경하고 <설정> 단추를 클릭하세요.

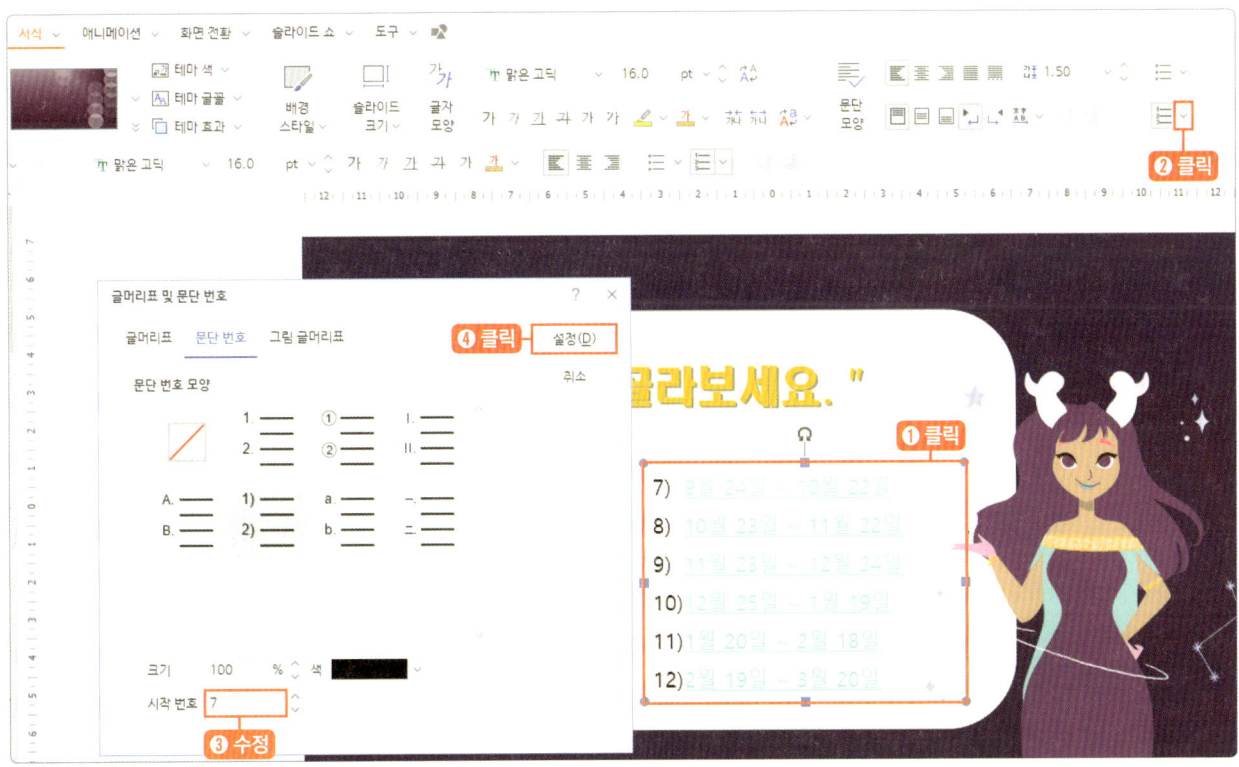

❸ F5 키를 눌러서 전체적인 슬라이드를 확인해요. 완성된 파일은 [파일] 탭-[다른 이름으로 저장하기]를 클릭한 다음 [내 이름] 폴더에 '별자리(완성)' 파일 이름으로 저장하세요.

CHAPTER 19 · 미션! 뚝딱뚝딱!

■ 불러올 파일 : 한글날 퀴즈.show   ■ 완성된 파일 : 한글날 퀴즈(완성).show

01 내 맘대로 사고력으로 문제해결능력 UP

- '한글날 퀴즈.show' 파일을 열어보세요.
- 아래의 슬라이드를 보고 [슬라이드 2]와 [슬라이드 5]에 각각 조건에 맞는 작업을 설정해주세요.

완성

슬라이드 2

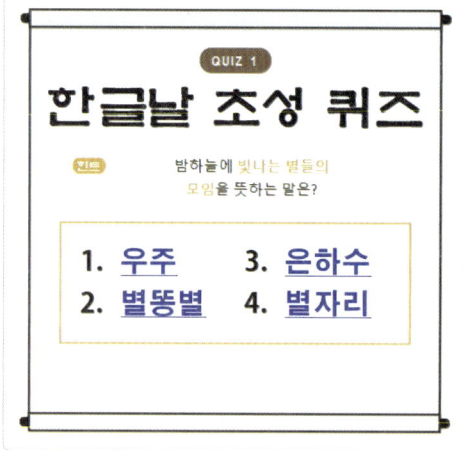

① [서식] 탭-[글머리 기호]-'1.~2.' 설정
② '별자리' 텍스트를 클릭하면 [슬라이드 4]로 이동하도록 [입력] 탭-[하이퍼링크]-[현재 문서]-[재구성한 쇼]-'슬라이드4' 설정

슬라이드 5

① '재도전' 그림을 클릭했을 때 [슬라이드 2]로 이동하도록 [입력] 탭-[하이퍼링크]-[현재 문서]-[재구성한 쇼]-'슬라이드2' 설정

02 학습 게임으로 타자 실력 UP

혼자하는 타자 게임 또는 친구들과 대전 게임으로 승부를 겨루어 보아요.

▲ 혼자 게임

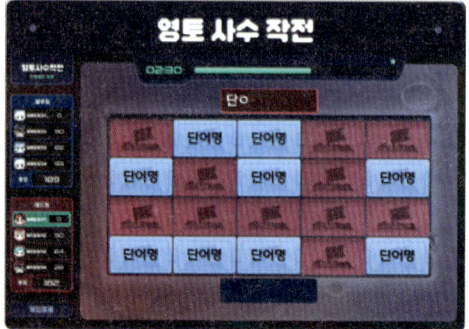

▲ 대전 게임

 ## 알아두면 좋은 생활 상식

CHAPTER 20 내 맘대로 해결사 되기!

지난 세 개의 차시에서 배운 내용으로 스스로 해결해 볼까?

■ 불러올 파일 : 멸종위기 동물.show ■ 완성된 파일 : 멸종위기 동물(완성).show

오늘은 지난 세 개의 차시에서 배운 내용으로 하나의 작품을 만들어 볼거에요. 오른쪽 페이지를 참고해서 스스로 해결해 보고 어려운 부분은 손을 들어주세요.

완성 작품

슬라이드 2

슬라이드 3

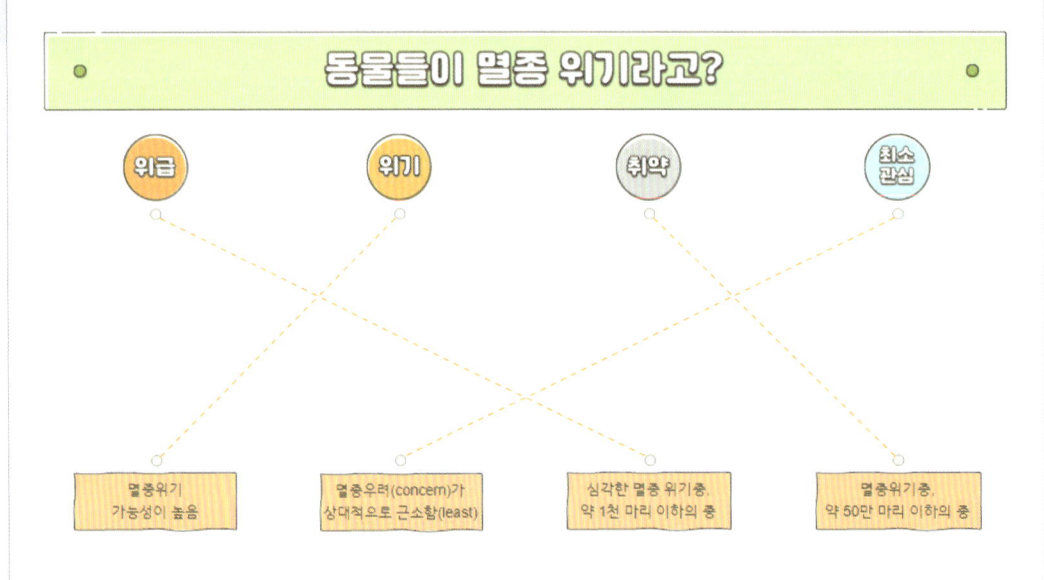

■ **이렇게 만들어 보아요.**(아래 지시사항과 힌트를 보면서 스스로 해결해 보아요.)

01 내 맘대로 사고력으로 문제해결능력 UP

오늘은 세계 동물의 날을 맞이해서 멸종 위기 동물에 대해 배워보려고 해요. 그동안 배웠던 그림 삽입 / 글머리 기호 / 선 긋기 기능을 활용해서 만들어보아요.

슬라이드 2

- 동물 사진 삽입하기 :
  - [슬라이드 4]에 '코뿔소', '레서판다', '기린', '사막여우' 그림 복사 후, [슬라이드 2]에 붙이기
  - [그림 서식]-[그림 스타일]-[검정 반사] 적용
- 글머리 기호 적용

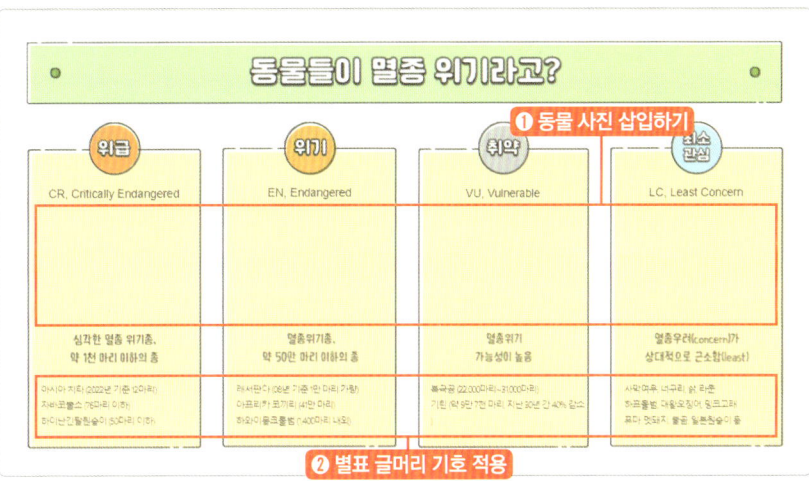

슬라이드 3

- [슬라이드 2] 내용 참고하여 선 잇기

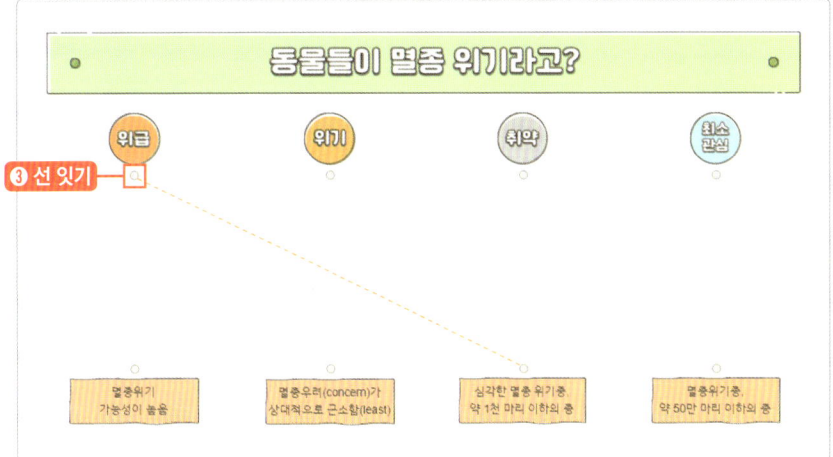

休 알아두면 좋은 컴퓨터 상식

CHAPTER 21 잠자는 뇌를 깨우는 5분 스트레칭

4분 K마블 타자연습으로 잠자는 손가락을 깨워요^^

평균 타수 :

연습하고 싶은 학습 게임을 선택해서 연습해 보아요.

1분 넌센스 퀴즈로 잠자는 뇌를 깨워요^^

다음 그림에서 물음표에 들어갈 순서를 적어보세요.

정답 : ___ 번째

CHAPTER 21 태양계 행성 사진 앨범 만들기

이런걸 배워요!
- 오늘은 여러 장의 그림을 슬라이드에 넣는 방법에 대해 배워요.

■ 불러올 파일 : 없음   ■ 완성된 파일 : 태양계 사진(완성).show

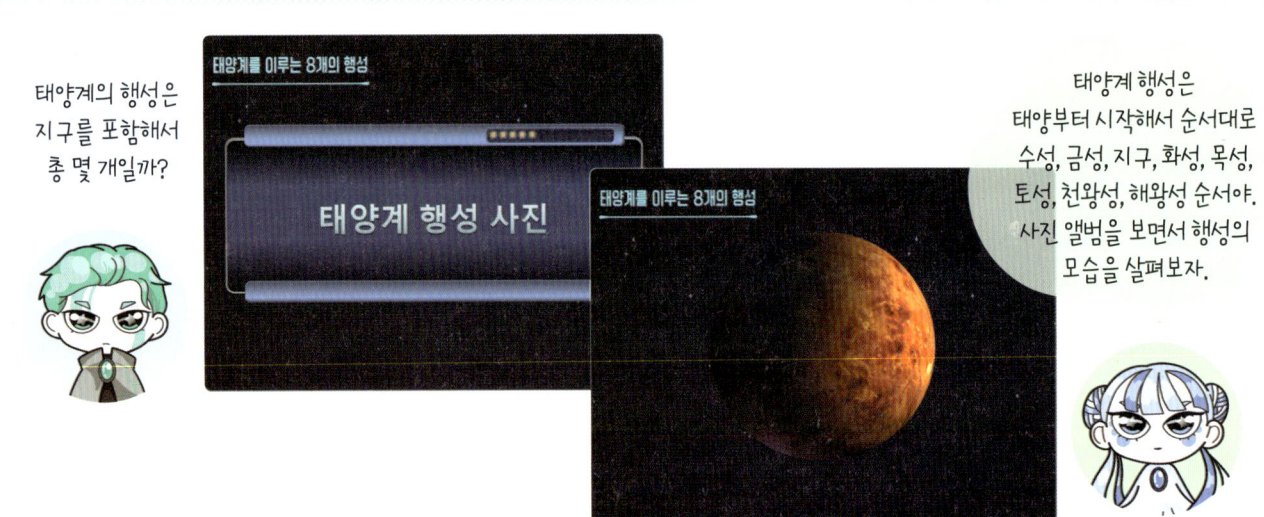

01 슬라이드에 한 장씩 사진 넣기

① 한쇼를 실행한 다음 [새 문서]를 클릭하세요. 이어서, [입력] 탭-[그림]-[그림]을 클릭해요.

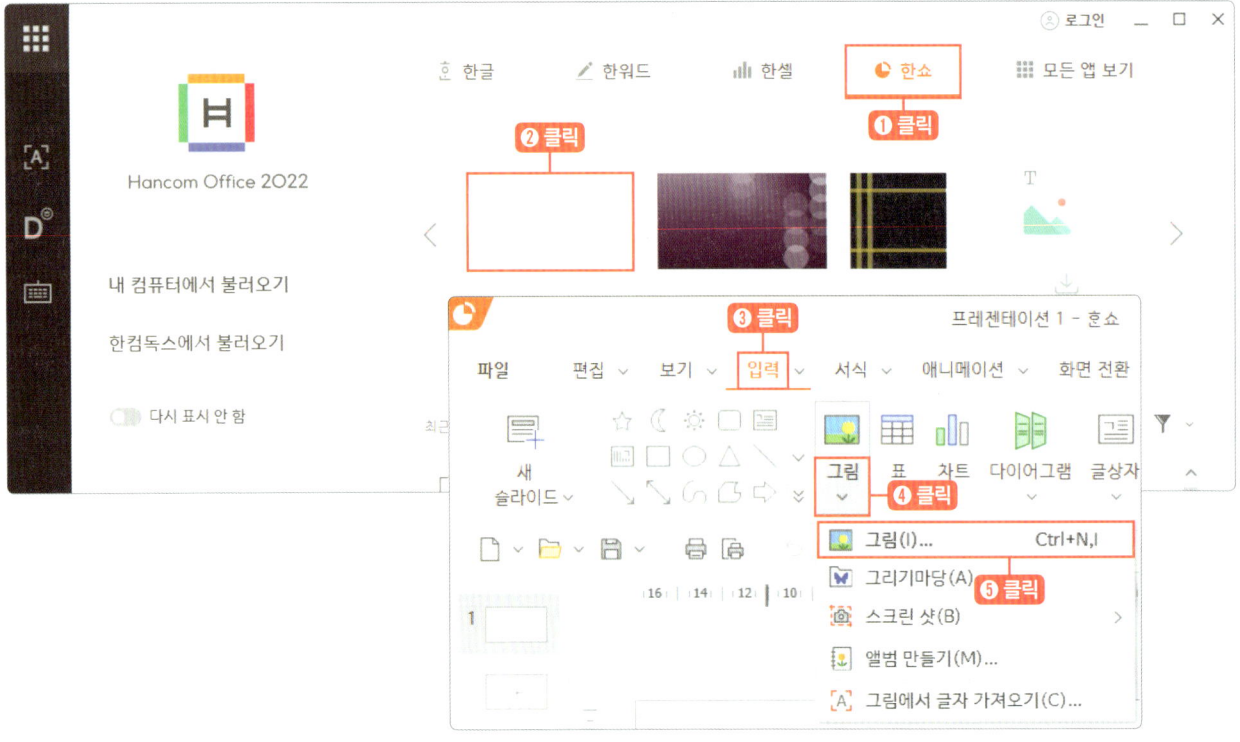

❷ [그림 넣기] 대화상자가 열리면 [불러올 파일]-[Chapter 21]-[행성] 폴더에 있는 모든 그림을 선택하고 <열기> 단추를 클릭하세요.

※ 첫 번째 그림을 클릭하고 Shift 키를 누른 채 가장 마지막에 있는 그림을 클릭하면 모든 그림을 선택할 수 있어요.

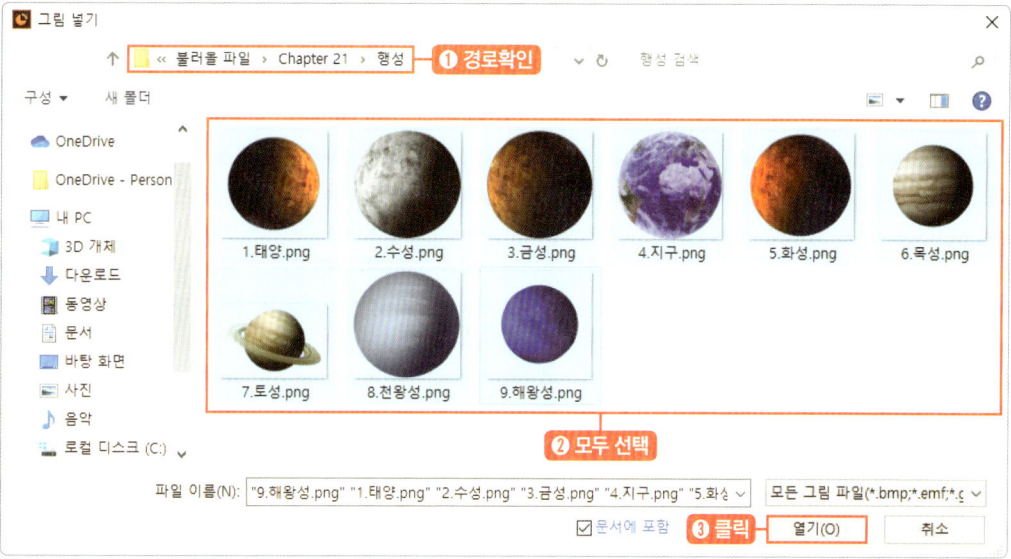

❸ [여러장 그림 넣기] 대화상자가 열리면 [여러 슬라이드에 넣기]-[그림 1개]를 선택하고 <넣기> 단추를 클릭해요.

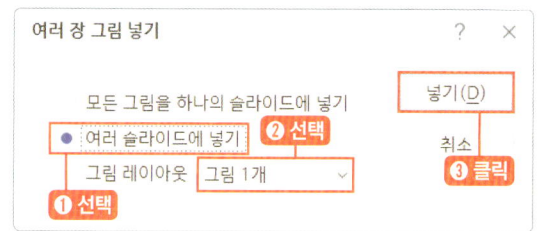

❹ 각 슬라이드에 행성 사진을 확인 한 후, [서식] 탭에서 [테마 찾아보기]를 클릭해요. 이어서, [테마 찾아보기] 대화상자에서 확장자를 '모든 파일(*.*)'로 바꿔주고 '템플릿.hsdt' 파일을 클릭하고 <열기> 단추를 클릭해요.

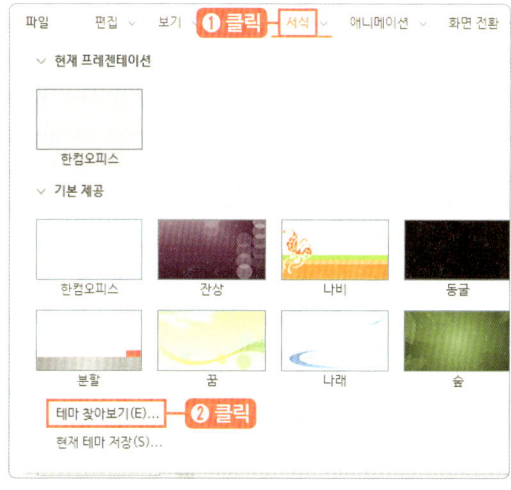 

02 화면 전환 효과 넣기

❶ 템플릿이 적용된 [슬라이드 1]을 선택하고 [편집] 탭-[레이아웃]-[제목 슬라이드]를 클릭하세요.

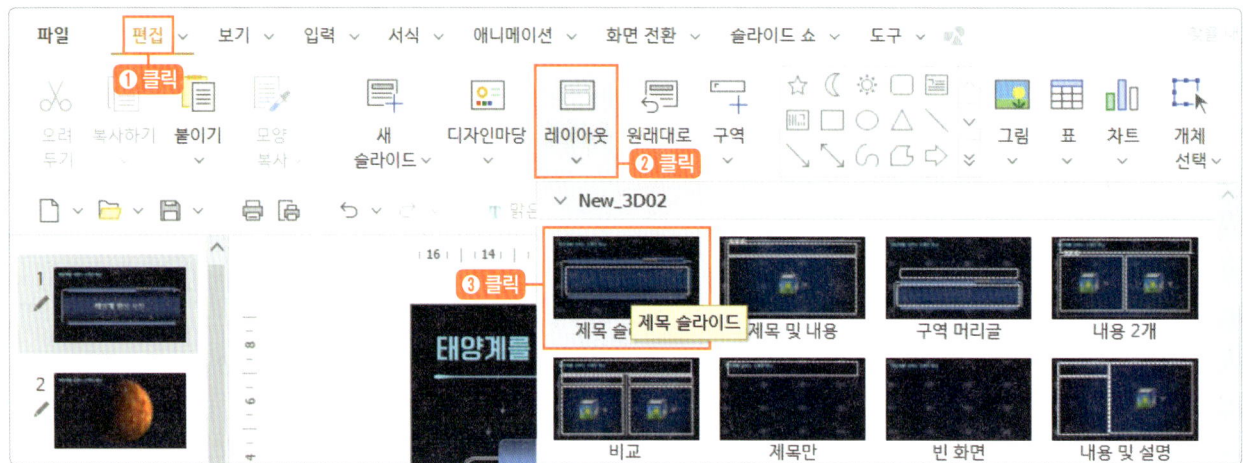

❷ 제목은 '태양계 행성 사진'으로 수정하세요.

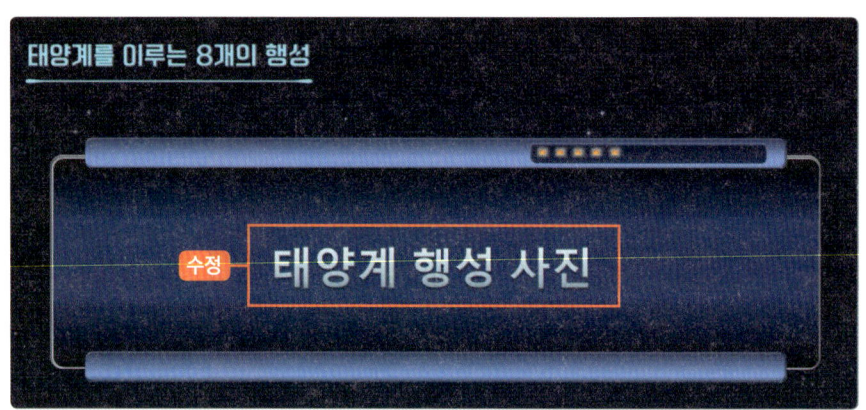

❸ [슬라이드 2]를 선택하고 Shift 키를 누르면서 [슬라이드 10]을 선택해요.

※ Shift 키를 누르면 이어져 있는 슬라이드를 모두 선택할 수 있어요.

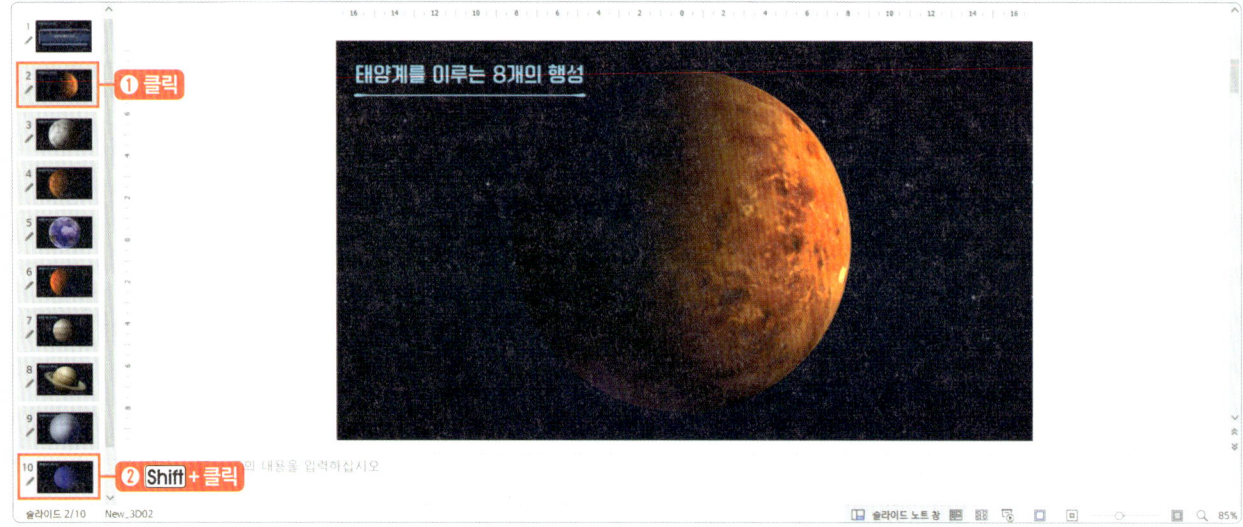

❹ 마우스 오른쪽 단추를 클릭하고 [슬라이드 화면 전환]-[2D효과]-[도형]을 클릭하면 [슬라이드 2]부터 [슬라이드 10]까지 한 번에 화면 전환 효과를 설정 할 수 있어요.

❺ [서식] 탭-[슬라이드 크기]-[화면 슬라이드쇼(4:3)]을 클릭하고 [최대화/맞춤 확인] 대화상자에서는 [맞춤 확인]을 선택하고 <확인>단추를 클릭해요.

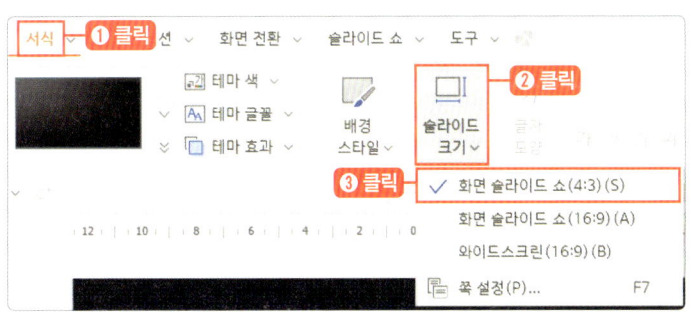

❻ [파일] 탭-[다른 이름으로 저장하기]를 클릭한 다음 [내 이름] 폴더에 '태양계 사진(완성)' 파일 이름으로 저장하세요.

CHAPTER 21

■ 불러올 파일 : 올바른 손씻기.show   ■ 완성된 파일 : 올바른 손씻기(완성).show

미션! 뚝딱뚝딱!

문제해결능력

01 내 맘대로 사고력으로 문제해결능력 UP

- '올바른 손씻기.show' 파일을 열어보세요.
- [슬라이드 1]을 선택하고 [편집] 탭-[레이아웃]-[제목 슬라이드]로 설정하고 제목은 '올바른 손씻기'로 변경해요.
- [슬라이드 2]를 선택하고 [입력] 탭-[그림]-[그림 넣기] 대화상자에서 '1단계.png'~ '6단계.png' 파일을 선택하고 열기를 클릭해요.
  ▶ 여러 슬라이드에 넣기 : 그림 레이아웃 그림 1개
- 비어있는 [슬라이드 2] 마우스 오른쪽 단추를 클릭하여 '슬라이드 삭제'를 클릭하여 총 7개의 슬라이드가 완성되도록 설정해주세요.
- [슬라이드 2]부터 [슬라이드 8]까지 그림의 크기를 조절하고 위치를 조정해요.

완성

슬라이드 1

슬라이드 2

CHAPTER 22 잠자는 뇌를 깨우는 5분 스트레칭

4분 K마블 타자연습으로 잠자는 손가락을 깨워요^^

평균 타수:

연습하고 싶은 학습 게임을 선택해서 연습해 보아요.

1분 넌센스 퀴즈로 잠자는 뇌를 깨워요^^

행성의 크기를 비교했을 때 2번째로 큰 행성이자 빈칸에 들어갈 행성이 무엇인지 맞춰보세요.

우주에서 가장 큰 크기의 태양을 중심으로 빙글빙글 돌고 있는 7개의 행성 중에서 목성이 제일 커요. 목성 다음으로는 (   ) 행성의 크기가 크고, 천왕성과 해왕성은 비슷한 크기이지만 (   ) 행성에 비해서는 작아요. (   ) 행성의 가장 큰 특징은 아름답고 넓은 고리를 가지고 있어요. 이 고리는 얼음과 바위 조각들로 이루어져 있어요.

[힌트] 태양 - 수성 - 금성 - 지구 - 화성 - 목성 - 토성 - 천왕성 - 해왕성 순서에요.

CHAPTER 22 태양계 행성 간의 거리 비교하기

이런 것 배워요!
- 오늘은 차트를 사용하여 행성의 거리를 비교하는 방법에 대해 배워요.

📁 불러올 파일 : 행성 거리.show 📁 완성된 파일 : 행성 거리(완성).show

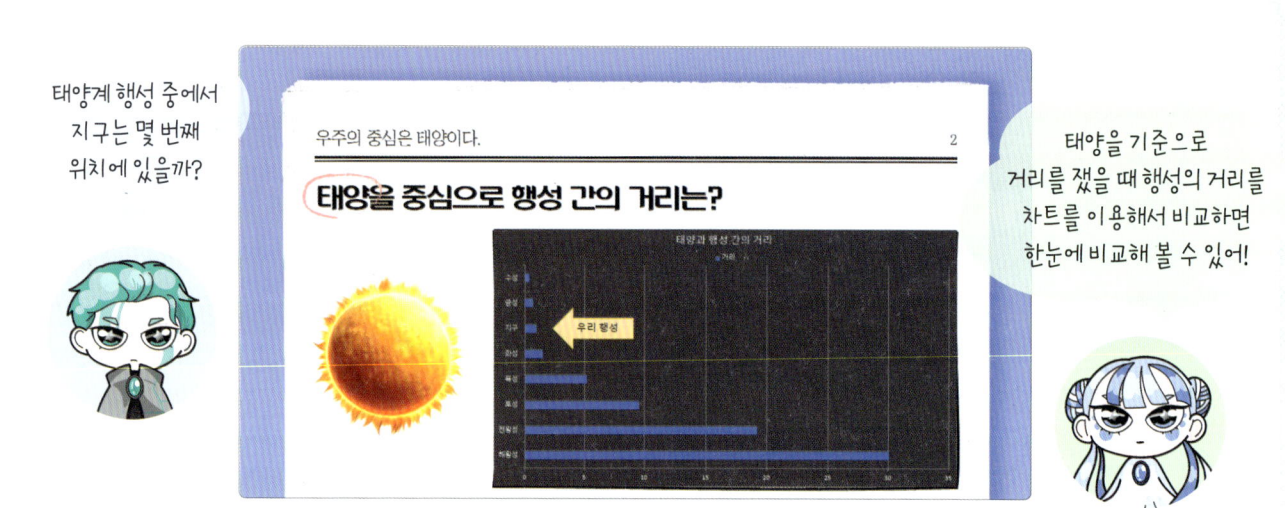

01 가로 막대형 차트 삽입하기

❶ 한쇼를 실행한 다음 '행성 거리.show' 파일을 열고 슬라이드의 내용을 확인해 보세요.

❷ [슬라이드 2]를 클릭하고 [입력] 탭-[차트]-[묶은 가로 막대형]을 클릭하세요.

❸ [가로 막대형]-[묶은 가로 막대형] 차트를 클릭하고 [차트 데이터 편집] 대화상자가 열리면 데이터를 입력해요.

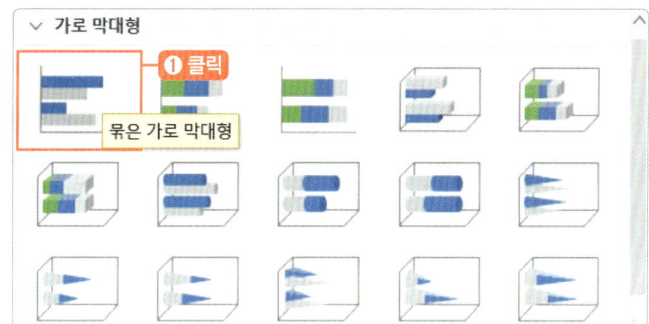

❹ [차트 데이터 편집] 대화상자에서 마우스 오른쪽 단추를 클릭하여 필요한 행은 추가하고 필요하지 않은 열은 삭제해요.

※ 총 9개의 행, 1개의 열이 되도록 추가/삭제해 주세요.

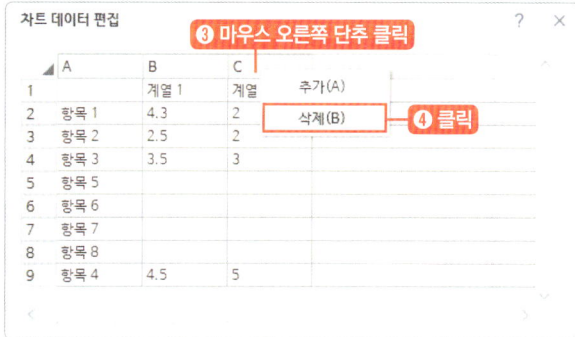

❺ 그림과 같이 데이터의 내용을 수정하고 <닫기> 단추를 클릭하세요. 이어서, 차트의 크기와 위치를 그림과 같이 수정해요.

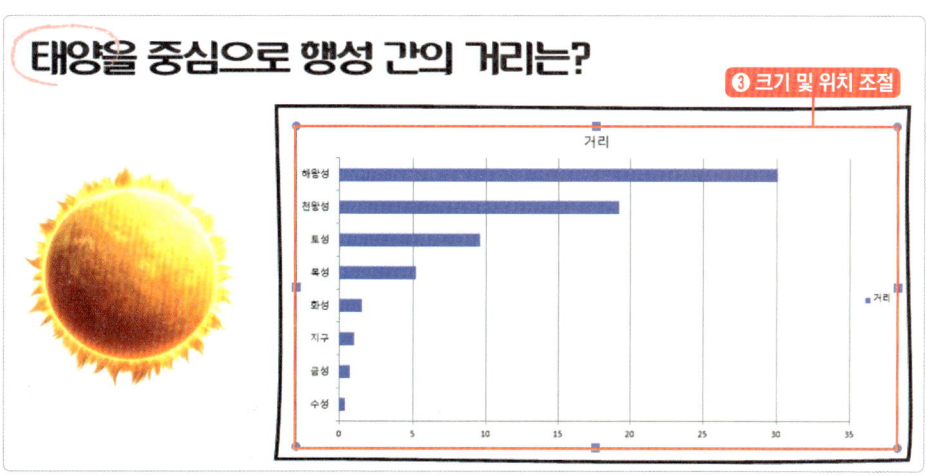

TIP
차트의 데이터를 변경하고 싶을 때는 [차트 디자인] 탭-[차트 데이터 편집]를 사용해서 데이터의 내용을 변경할 수 있어요!

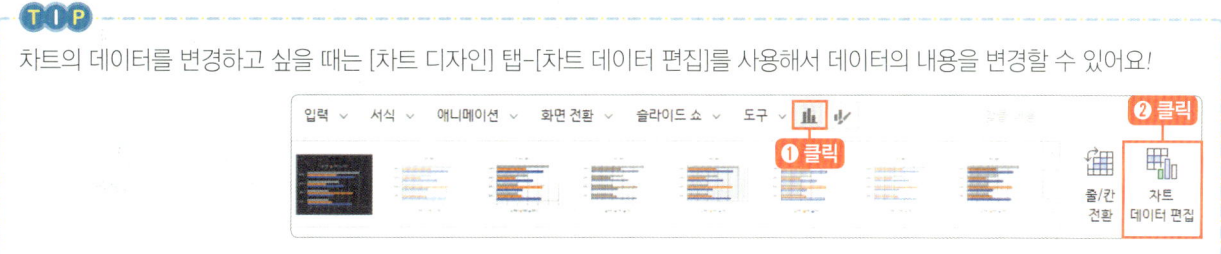

02 가로 막대형 레이아웃 변경하기

① 데이터 표시가 짧은 막대부터 긴 막대까지의 순서로 변경하기 위해 '해왕성' 글자 위에서 '마우스 오른쪽 단추'를 클릭하고 [축 속성]을 클릭해요.

② 이어서, [개체 속성] 창-[축 교차]에서 '항목을 거꾸로'에 체크하고 [최대 항목]을 선택하세요.
※ '항목을 거꾸로', '최대 항목'에 체크하면 막대의 순서가 반대로 변경되는 것을 볼 수 있어요.

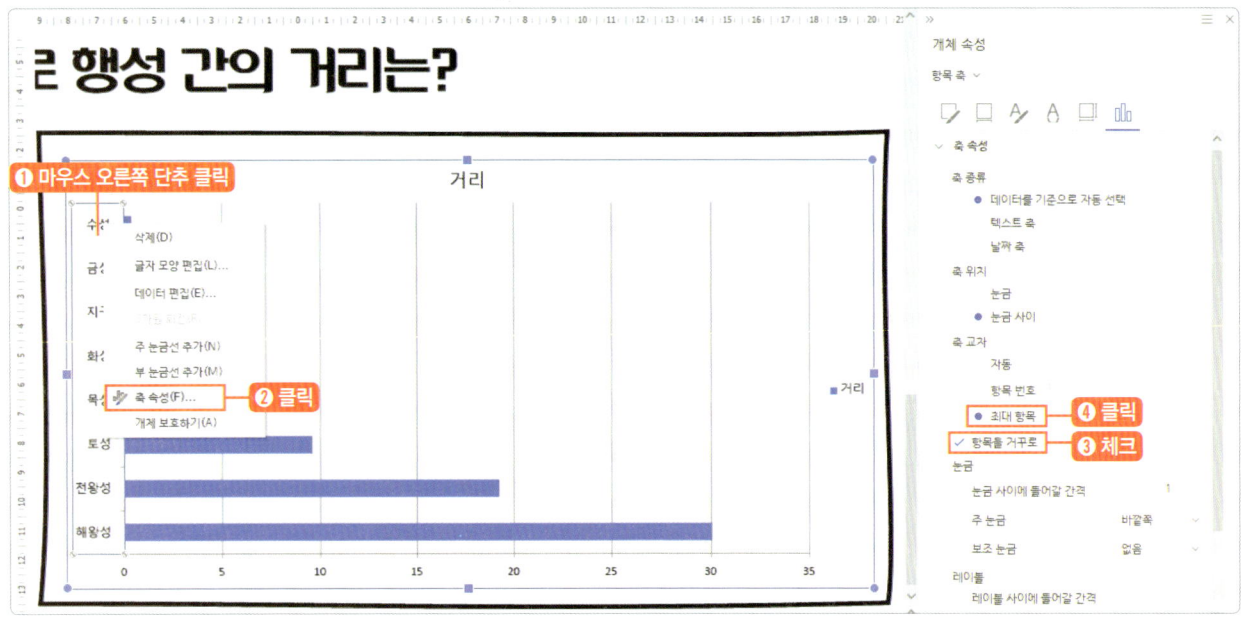

③ [차트 디자인] 탭-[스타일2]로 설정하세요.

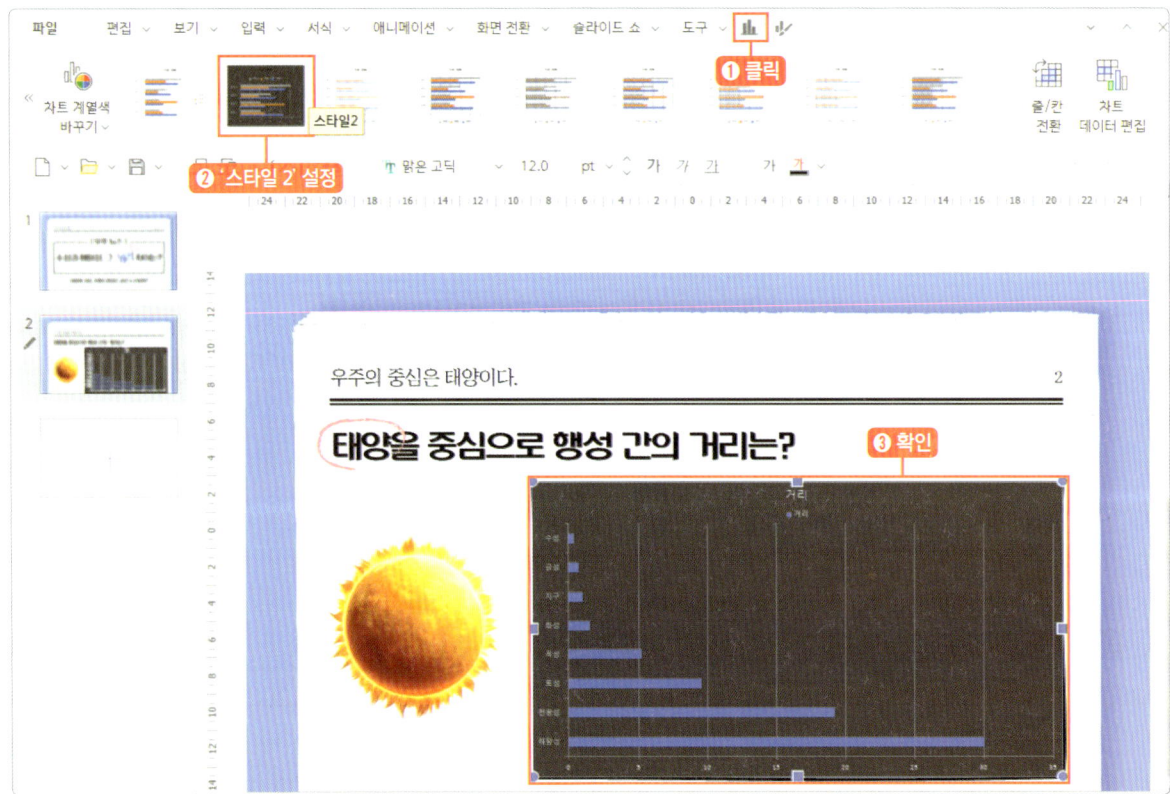

03 차트에 도형 삽입하기

① 차트의 제목에서 마우스 오른쪽 단추를 클릭하고 [제목 편집]을 클릭하면 제목의 내용을 수정할 수 있어요. '태양과 행성 간의 거리'라고 변경해 주세요.

② [입력] 탭-[도형]-[블록 화살표]-'왼쪽 화살표( )'을 사용하여 '지구'가 강조되도록 배치해요. 이어서, [도형] 탭-[도형 스타일]-'밝은 계열-강조4'로 설정해요.

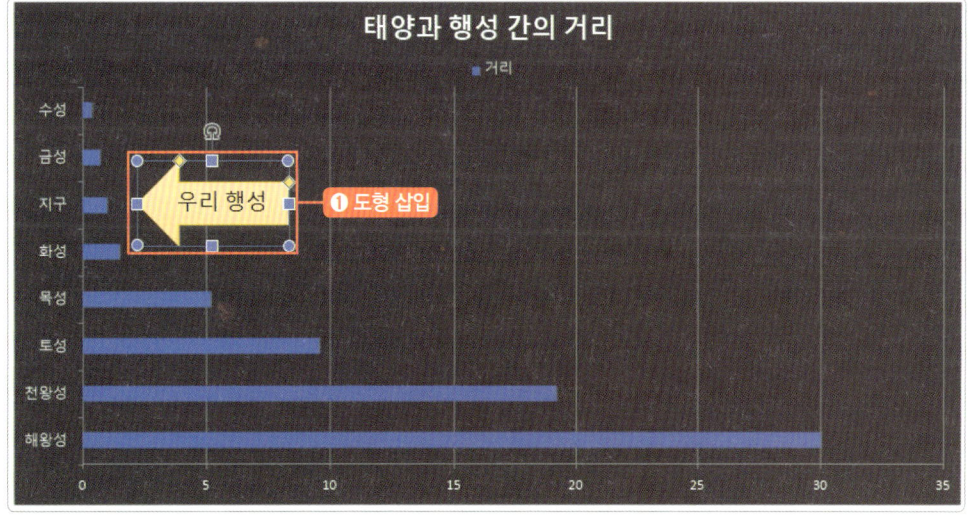

③ 완성된 파일은 [파일] 탭-[다른 이름으로 저장하기]를 클릭한 다음 [내 이름] 폴더에 '행성 거리(완성)' 파일 이름으로 저장하세요.

CHAPTER 22 미션! 뚝딱뚝딱!

■ 불러올 파일 : 달리기 대회.show   ■ 완성된 파일 : 달리기 대회(완성).show

01 내 맘대로 사고력으로 문제해결능력 UP

- '달리기 대회.show' 파일을 열어보세요.
- 아래의 표를 보고 [슬라이드 3]에 조건에 맞는 작업을 설정 해주세요.

① [차트 디자인]-[차트 데이터 편집]에서 사자: 80, 호랑이: 65, 치타: 120으로 변경하기
② [축 서식]-[축 옵션]-'항목을 거꾸로' 체크하기
③ [차트 디자인]-[차트 스타일]-'스타일 5'로 설정하고 차트 계열색 '색6'으로 변경하기

02 학습 게임으로 타자 실력 UP

혼자하는 타자 게임 또는 친구들과 대전 게임으로 승부를 겨루어 보아요.

▲ 혼자 게임

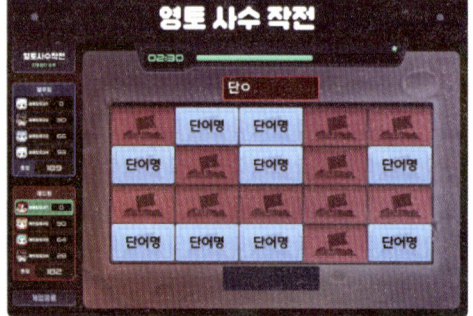
▲ 대전 게임

CHAPTER 23 잠자는 뇌를 깨우는 5분 스트레칭

4분 K마블 타자연습으로 잠자는 손가락을 깨워요^^   평균 타수:

연습하고 싶은 학습 게임을 선택해서 연습해 보아요.

1분 넌센스 퀴즈로 잠자는 뇌를 깨워요^^

우주 관련 상식 퀴즈! ○, ×로 표시해 주세요.

문제 1 화성, 목성, 토성, 천왕성에는 고리가 있다. (○/×)

문제 2 태양계에서 태양 다음으로 가장 큰 행성은 목성이다. (○/×)

문제 3 태양계 행성 중에서 가장 작은 행성은 금성이다. (○/×)

문제 4 하늘의 별이 무리 지어 신화에 나오는 동물이나 인물의 이름을 붙여 놓은 것을 별자리라고 한다. (○/×)

문제 5 태양에서 멀어질수록 행성 간의 거리는 가까워지고, 크기가 대체로 큰 행성은 태양에서 먼 곳에 있다. (○/×)

CHAPTER 23

우주 소식지 만들기

이런걸 배워요!
- 오늘은 슬라이드 마스터 적용하고 레이아웃 편집 방법에 대해 배워요.

📁 불러올 파일 : 우주 뉴스.show   📁 완성된 파일 : 우주 뉴스(완성).show

슬라이드 마스터는 어떤걸 만들 때 사용하는걸까?

슬라이드 마스터 기능은 자주 반복되는 슬라이드 디자인을 사용할 때 사용해 이번 차시에서 슬라이드 마스터 기능에 대해 같이 배워보자.

01 제목 슬라이드 레이아웃 편집하기

1. 한쇼를 실행한 다음 '우주 뉴스.show' 파일을 열고 슬라이드의 내용을 확인해 보세요.

2. [슬라이드 1]를 클릭하고 [보기] 탭-[슬라이드 마스터]를 클릭하세요.

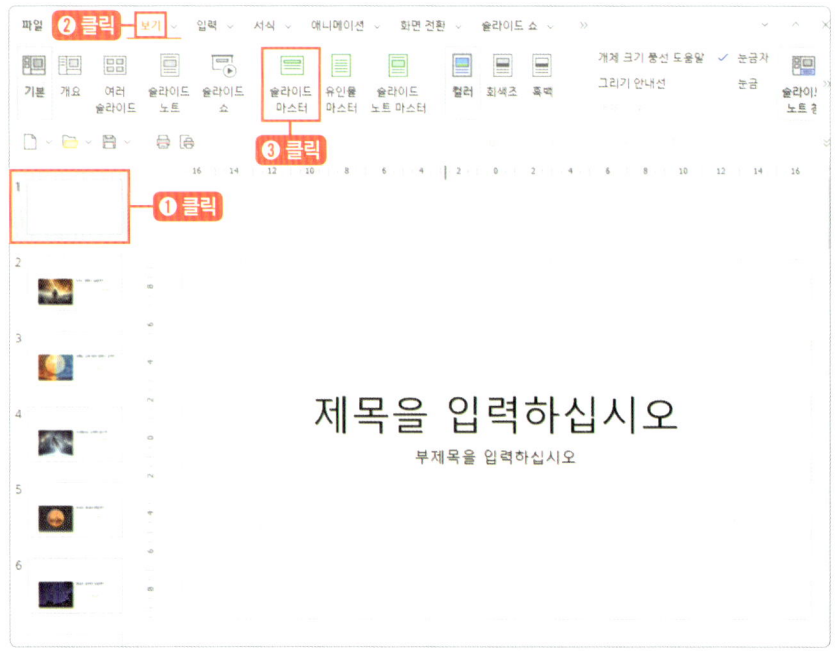

❸ [슬라이드 마스터] 메뉴에서 '두 번째 슬라이드(제목 슬라이드 레이아웃)'를 선택하고 [배경 스타일]-[배경 속성]을 클릭하세요.

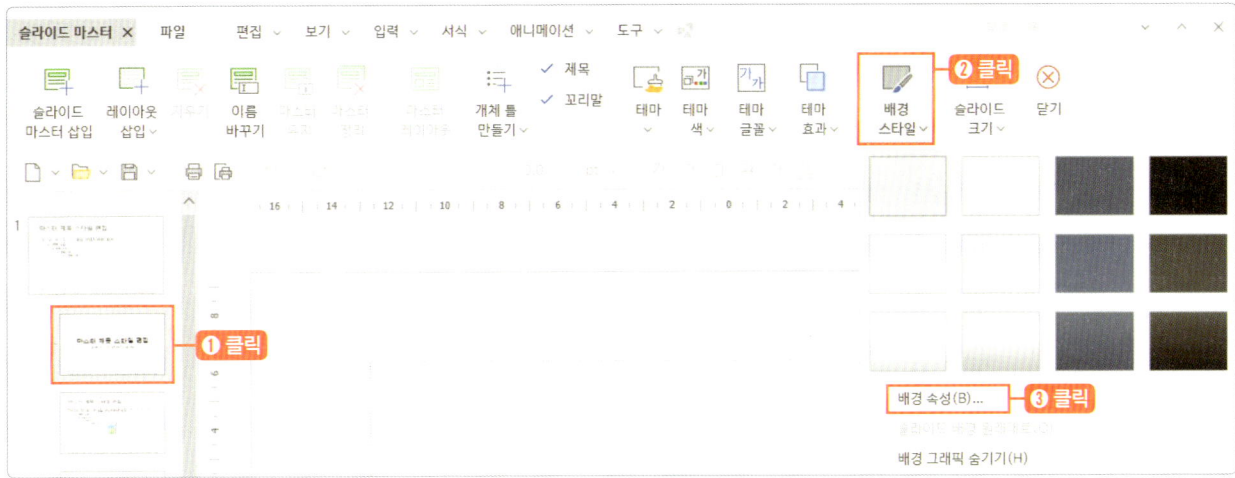

❹ [배경 속성] 창에서 '질감/그림'에 체크하고 [폴더( )]-[그림] 단추를 클릭해요. 이어서, [그림 넣기] 대화 상자에서 [불러올 파일]-[Chapter 23]-[우주 뉴스] 폴더에 있는 '메인.jpg' 파일을 선택하고 <열기> 단추를 클릭해요.

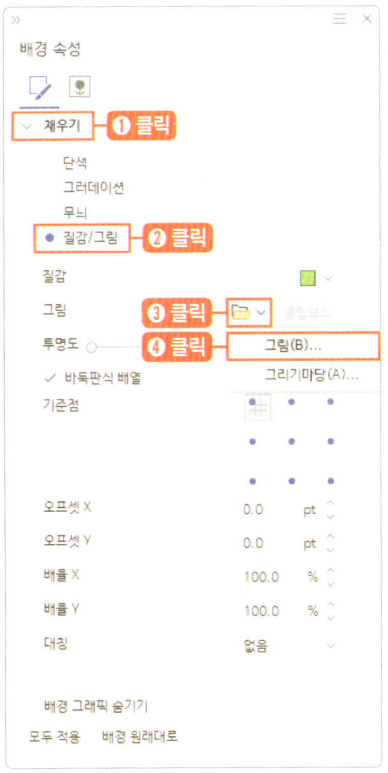
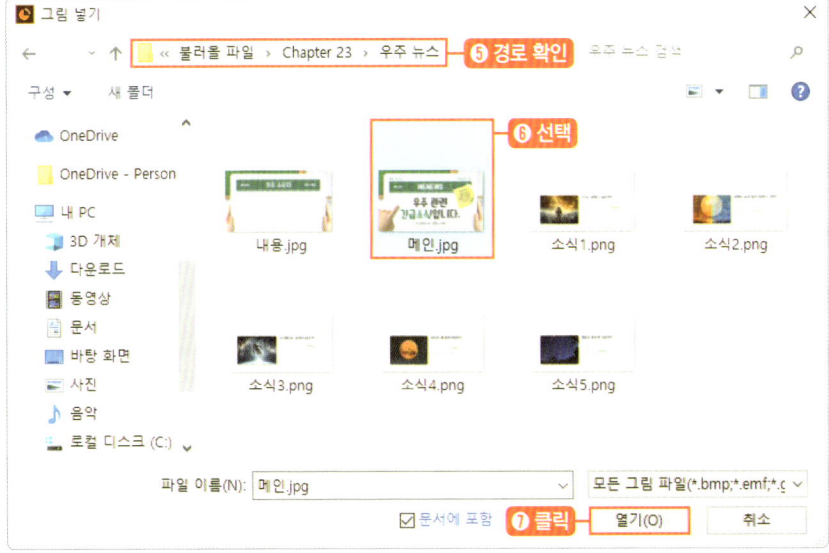

❺ 배경이 적용되면 [배경 속성] 창에서 '바둑판식 배열'을 체크 해제해요. 이어서, Shift 키를 사용하여 텍스트 상자 두 개를 선택하고 Delete 키를 눌러서 지워주세요.

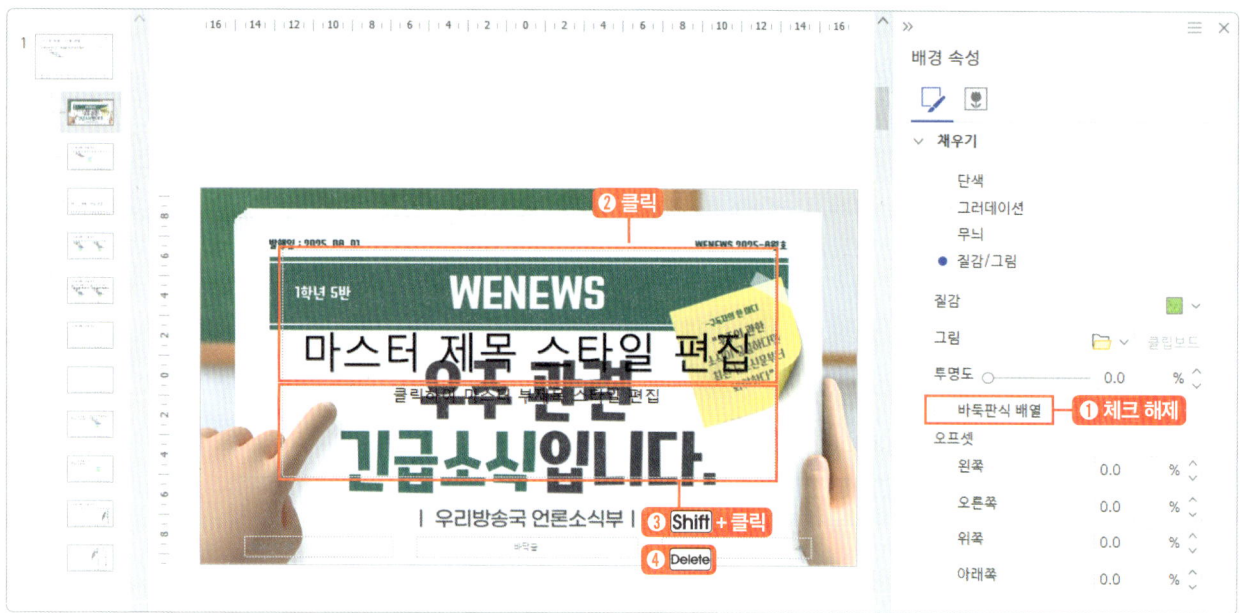

02 제목 및 내용 레이아웃 편집하기

❶ '세 번째 슬라이드(제목 및 내용 레이아웃)'를 선택하고 [배경 속성] 창에서 '질감/그림'에 체크한 다음 [폴더( )]-[그림] 단추를 클릭해요. 이어서, '바둑판식 배열'을 체크 해제하세요.

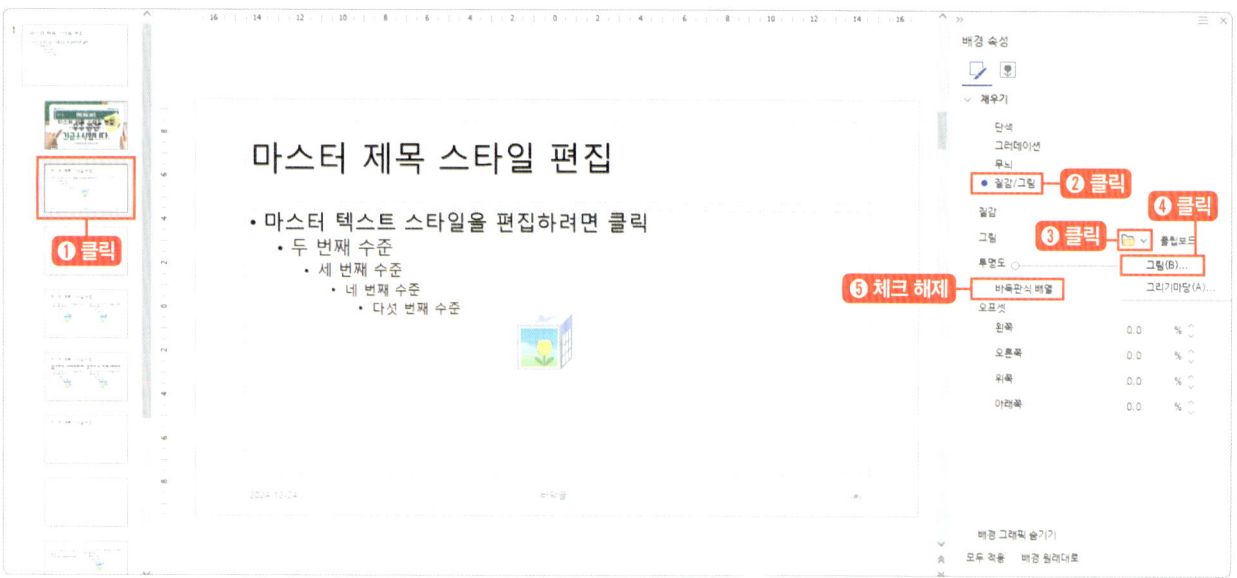

❷ [그림 넣기] 대화상자에서 [불러올 파일]-[Chapter 23]-[우주 뉴스] 폴더에 있는 '내용.jpg' 파일을 선택하고 <열기> 단추를 클릭해요.

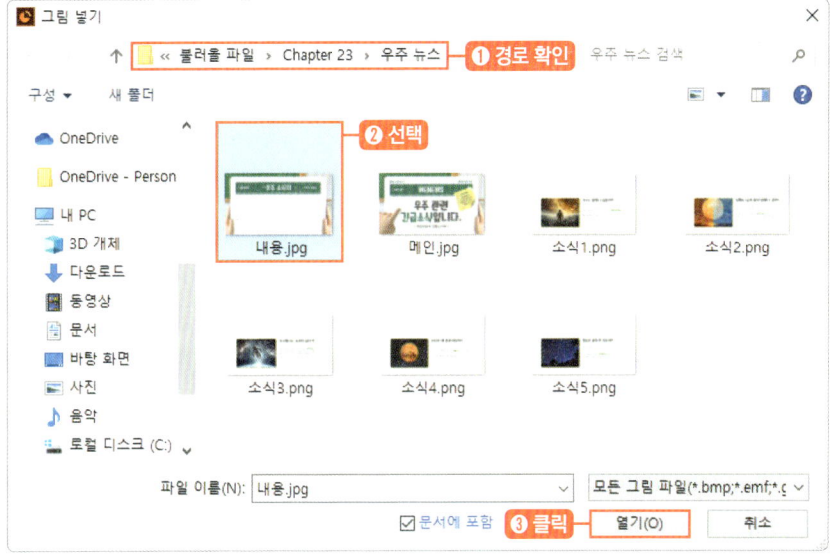

❸ 배경이 적용되면 Shift 키를 사용하여 텍스트 상자 두 개를 선택하고 Delete 키를 눌러서 지워주세요. 이어서, [슬라이드 마스터] 탭-[닫기]를 클릭하세요.

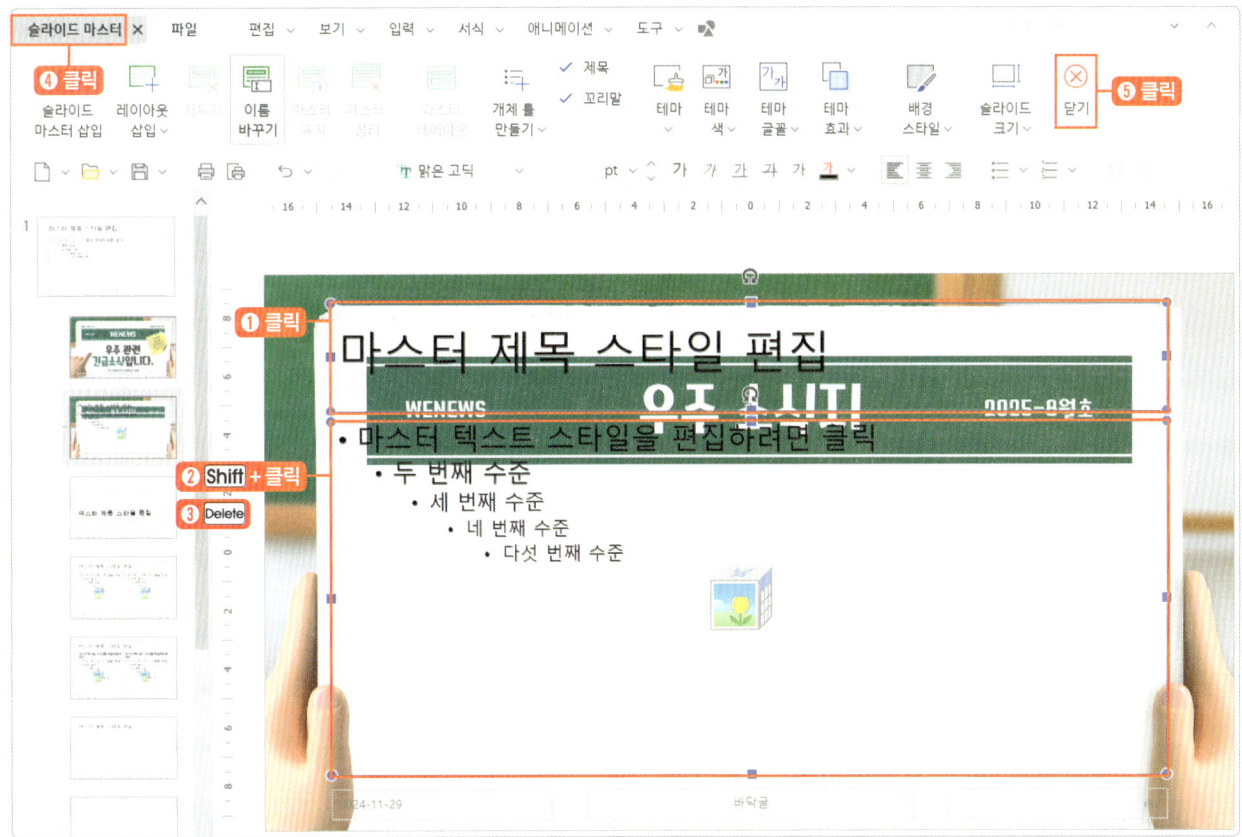

03 슬라이드 레이아웃 변경하기

❶ 모든 슬라이드를 한 번에 선택하기 위해 [슬라이드 1]을 선택하고 Ctrl + A 키를 눌러주세요. 이어서, [편집] 탭-[원래대로]을 누르면 [슬라이드 마스터]에서 설정한 레이아웃으로 변경돼요.

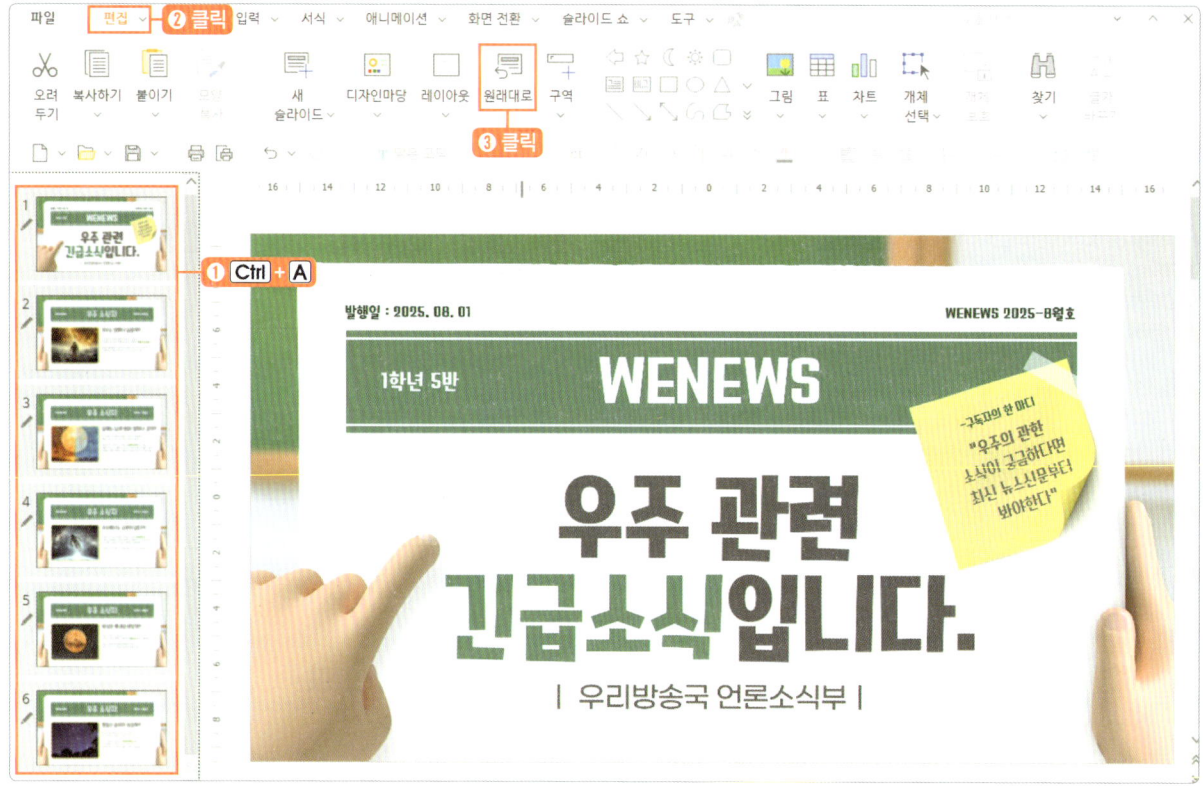

❷ F5 키를 눌러서 전체적인 슬라이드의 내용을 확인하세요.

※ 슬라이드 쇼 시작 단축키 : F5 / 슬라이드 쇼 종료 단축키 : ESC

❸ 완성된 파일은 [파일] 탭-[다른 이름으로 저장하기]을 클릭한 다음 [내 이름] 폴더에 '우주 뉴스(완성)' 파일 이름으로 저장하세요.

CHAPTER 23

📁 불러올 파일 : 학교 규칙.show 📁 완성된 파일 : 학교 규칙(완성).show

미션! 뚝딱뚝딱!

01 내 맘대로 사고력으로 문제해결능력 UP

- '학교 규칙.show' 파일을 열어보세요.
- [보기] 탭-[슬라이드 마스터]에서 '제목 슬라이드 레이아웃'과 '제목 및 내용 레이아웃'을 <완성> 그림과 같이 설정하세요.
- [슬라이드 마스터]를 닫고 전체 슬라이드 선택 후 [편집] 탭-[원래대로]을 클릭하세요.
- F5 키를 눌러 전체 내용을 확인하세요.

완성

제목 슬라이드 레이아웃

제목 및 내용 레이아웃

① [배경 속성]-[질감/그림]으로 설정 후, [Chapter 23]-[학교 규칙]-'메인.jpg' 그림으로 삽입하기
② 바둑판식 배열 해제하기
③ 2개의 텍스트 상자 지우기

① [배경 속성]-[질감/그림]으로 설정 후, [Chapter 23]-[학교 규칙]-'배경1~3.jpg' 3개의 그림 중 1개 선택하여 삽입하기
② 2개의 텍스트 상자 지우기

02 학습 게임으로 타자 실력 UP

혼자하는 타자 게임 또는 친구들과 대전 게임으로 승부를 겨루어 보아요.

▲ 혼자 게임

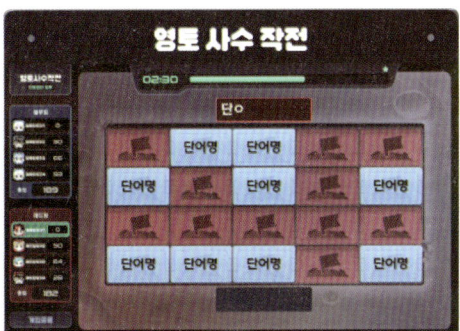

▲ 대전 게임

CHAPTER 24 내 맘대로 해결사 되기!

지난 세 개의 차시에서 배운 내용으로 스스로 해결해 볼까?

■ 불러올 파일 : 없음   ■ 완성된 파일 : 자기소개 템플릿(완성).show

오늘은 지난 세 개의 차시에서 배운 내용으로 하나의 작품을 만들어 볼 거예요. 오른쪽 페이지를 참고해서 스스로 해결해 보고 어려운 부분은 손을 들어주세요.

완성 작품

슬라이드 1

슬라이드 2
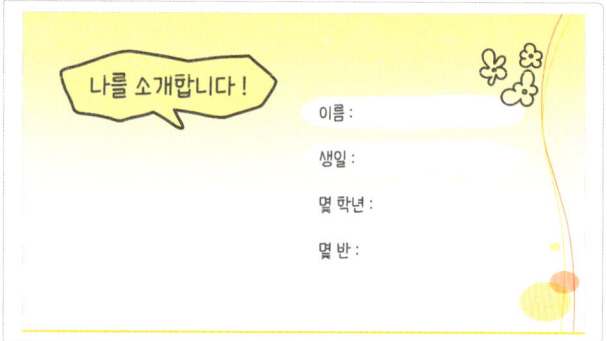

슬라이드 3

슬라이드 4

슬라이드 5
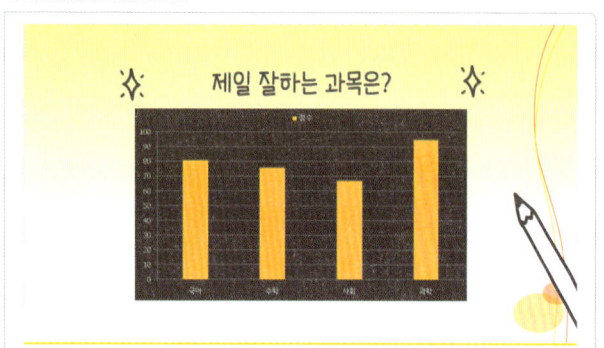

슬라이드 6

■ **이렇게 만들어 보아요.** (아래 지시사항과 힌트를 보면서 스스로 해결해 보아요.)

01 내 맘대로 사고력으로 문제해결능력 UP

나를 소개하는 한쇼 템플릿을 만들려고 해요. 그동안 배웠던 사진 추가하기 / 차트 만들기 / 슬라이드 마스터 기능을 활용해서 만들어보아요.

① 한쇼를 실행한 다음 [새 문서]를 클릭해요.
② [입력] 탭-[그림]에서 '1내용', '2내용', '3내용', '4내용', '5끝' 총 5개의 그림을 선택하고 여러 장 그림 넣기를 선택해요.

※ 그림은 [불러올 파일]-[Chapter 24]-[자기소개]에 있어요.

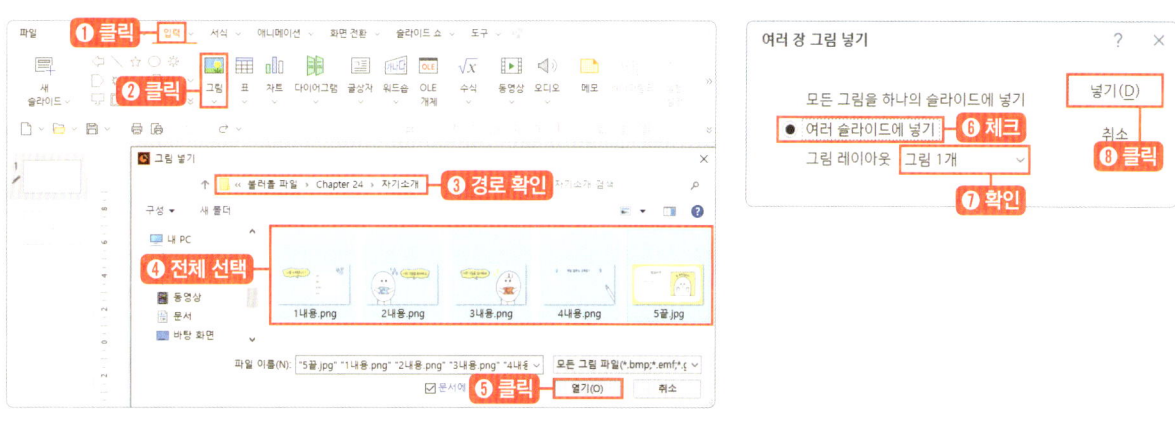

③ 슬라이드를 모두 선택하고 [서식] 탭-[테마]-'봄'으로 설정하세요. 이어서, [슬라이드 1]의 내용을 그림과 같이 변경해요.

④ [슬라이드 5]를 클릭하고 [입력] 탭-[차트]-[묶은 세로 막대형]을 클릭한 다음 국어, 수학, 사회, 과학의 점수를 입력해요. 이어서, [차트 디자인] 탭에서 [차트 스타일]-'스타일 2'로 설정하고 파일을 '자기소개 템플릿.show'로 저장해 주세요.

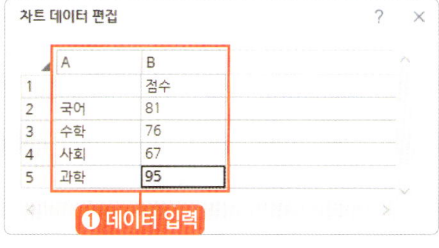 

K마블 소개

아카데미소프트와 코딩아지트의 컴교실 **타자 프로그램**

[K마블이란?]

[K마블 인트로]

▶ 아직도 막 쳐! **'K마블'** 이라고 들어봤니?
▶ 키보드타자 + 마우스 + 문제해결능력은 물론 **블록코딩**과 **학습게임**까지
▶ 타자치는 인공지능 로봇 **키우스봇**과 함께하는 학습게임 타자 프로그램
▶ 모든 연습 내용은 **문해력**에 필요한 단어, 문장으로 구성
▶ 대전게임, 단어 연상 게임, 그래픽 고도화가 **업데이트** 되었습니다. 앞으로도 사용자 환경등 **지속적인 업데이트** 예정입니다.

> K마블이 **V 1.1**로 업데이트 되었어요!
> **영어 버전**도 준비하고 있어요^^

전체 메뉴

K마블 튜토리얼

커스텀 프로필

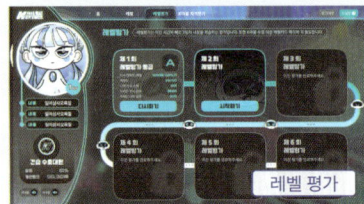
레벨 평가

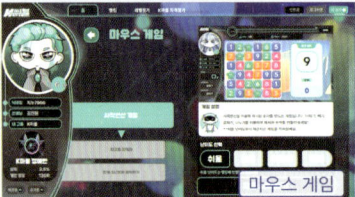
마우스 게임

온라인 대전

▶ **커스텀 프로필**
자신의 캐릭터를 꾸밀 수 있는 기능이 추가되었습니다. 캐릭터의 머리, 얼굴, 옷, 장신구를 변경하여 자신만의 개성있는 캐릭터를 만들어 봅니다.

▶ **레벨평가 시안성**
레벨평가 화면이 이전 화면 보다 보기 좋게 변경되었습니다. 배운 내용을 복습하여 높은 점수에 도전해 봅니다.

▶ **마우스 학습 게임 - 사칙연산 게임**
사칙연산을 이용해 제시된 숫자를 만드는 게임입니다. 난이도에 따라 더하기, 빼기, 곱하기, 나누기를 이용하여 제시된 숫자를 만들어 봅니다. 쉬움 난이도부터 게임을 익혀 봅니다.

▶ **온라인 대전 게임 - 영토 사수 작전**
친구들과 일대일 온라인 대전 게임으로 오타 없이 빨리 타자를 입력하여 영토를 지배하는 게임입니다. 비슷한 타수의 친구와 대결하면 재미있는 승부를 볼 수 있습니다.

 ※ K마블 영어 버전은 2025년 상반기에 출시될 예정이에요^^

컴퓨터 타자 활용 능력 자격 평가 안내

컴퓨터 자격증의 시작!
컴퓨터 타자 활용 능력

| 시행처 : 국제자격진흥원

[민간자격등록]
K마블 한글타자(2024-001827)
K마블 영문타자(2024-002318)

▶ 자격증 개요
'컴퓨터 타자 활용 능력' 자격 평가 시험은 컴퓨터 입문자를 위한 기초 자격시험으로 ITQ 및 DIAT 등 컴퓨터 자격시험 이전에 간단한 타자 능력을 평가하는 기초 자격 평가 시험입니다.

▶ 시험 과목 및 출제 기준
컴퓨터 기초 이론 + 마우스 + 키보드(타자) + 문제해결능력(블록 코딩)으로 구성

시험과목	시간	문항수	배점	등급
컴퓨터 기초 이론	10	10	100	A등급 → 900점 이상
마우스 사용 능력	10	2	300	B등급 → 800점 이상
키보드(타자) 사용 능력	10	2	300	C등급 → 700점 이상
문제해결능력	10	2	300	D등급 → 600점 이상

▶ 자격증 특징
✓ **누구나 쉽게 온라인으로 진행**
- 교육기관에서는 단체 시험을 누구나 쉽게 온라인으로 원서접수 및 자격시험을 볼 수 있습니다.
- 교육기관은 교육 현장에서 교육 후 바로 시험을 볼 수 있습니다.
- 개인 응시자도 방문 접수 및 집체 시험 없이 온라인으로 원서접수 및 자격시험을 볼 수 있습니다.

✓ **타자 능력을 평가하는 컴퓨터 기초 시험입니다.**
- OA 과정 또는 ITQ 및 DIAT 등 컴퓨터 전문 자격증을 취득하기 이전에 필요한 기초 타자 자격 시험입니다.
- 컴퓨터를 처음 접하는 입문자들에게 컴퓨터 기초 지식과 타자 및 마우스 사용 능력을 평가하는 시험입니다.

✓ **학습과 시험이 간단 명료합니다.**
- K마블과 교재로 학습하고 해당 내용에서 출제하는 간단한 시험입니다.

✓ **모든 시험이 CBT 방식으로 컴퓨터에서 모두 시행됩니다.**
- 시험의 모든 과목이 컴퓨터에서 진행됩니다.

※ **2025년 상반기 첫 시험**이 시행됩니다. (별도 공지)

아카데미소프트 홈페이지 소개

새롭게 리뉴얼된 아카데미소프트 홈페이지!!

▶ **선생님**과 더 가까이!
▶ 쉽고 빠르게 자료 **다운로드**
▶ 다양한 & **주요 정보**는 선생님과 **신속 공유!**

새롭게 개편될
2025년
아카데미소프트 홈페이지

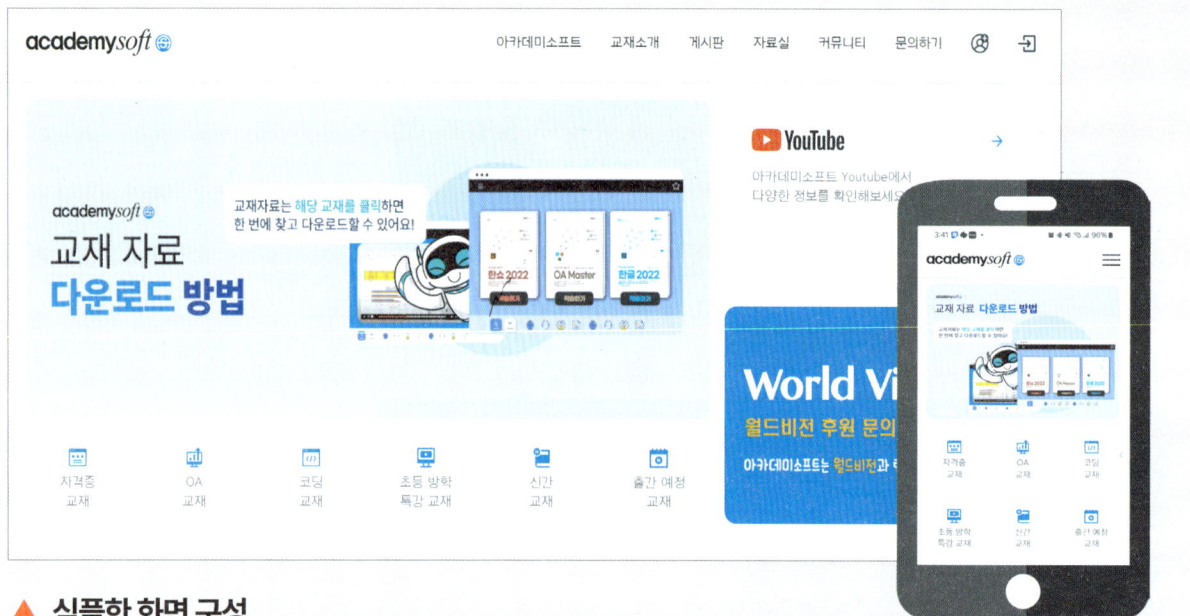

▲ **심플한 화면 구성**
교재 정보와 해당 자료를 쉽게 찾을 수 있도록 구성하였습니다. 또한 바로 가기 메뉴에는 자주 사용하는 핵심 메뉴로 구성되었습니다. 또한 스마트폰과 태블릿 PC에서도 홈페이지 화면을 최적화 하여 모든 자료를 볼 수 있습니다.

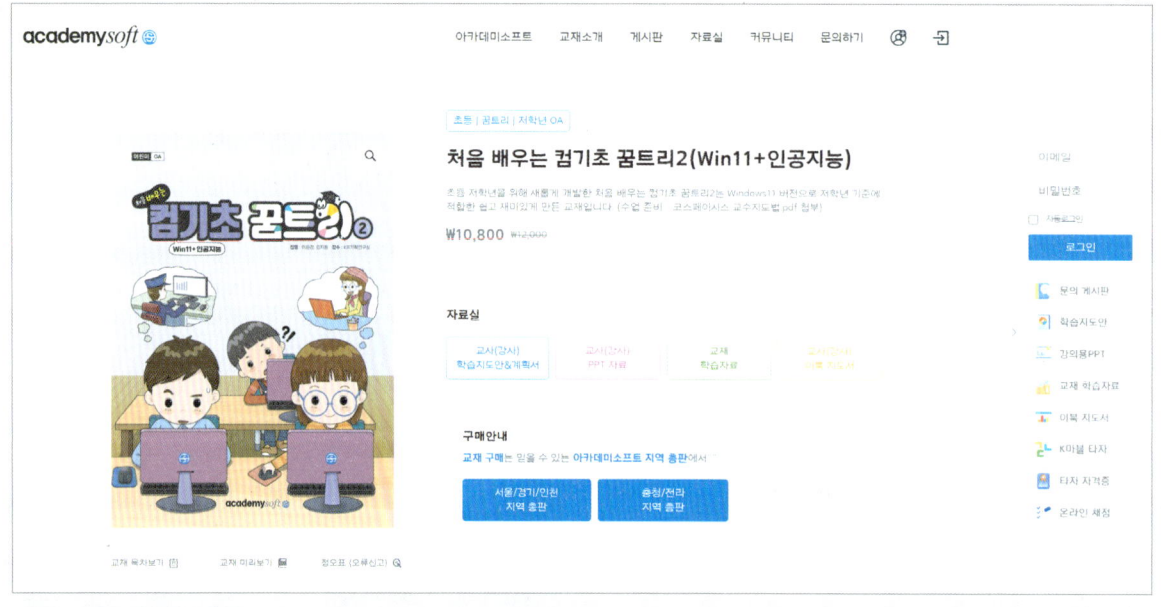

▲ **원 클릭 다운로드**
교재 상세 페이지는 교재 설명과 자료를 모아 놓았습니다. 해당 교재 클릭 후 오른쪽에 쉽고 빠르게 다운로드 받을 수 있도록 메뉴를 배치 하였습니다.